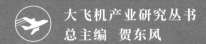

大飞机产业研究丛书

总主编 贺东风

国家竞争

美国大飞机产业竞争力调查
(1978—1993)

Global Competitiveness of U.S. Advanced-Technology Manufacturing Industries

Large Civil Aircraft

【美】美国国际贸易委员会 / 著
(U.S. International Trade Commission)

孙志山

欧 鹏 / 等译

上海交通大学出版社
SHANGHAI JIAO TONG UNIVERSITY PRESS

内容提要

　　本书是"大飞机产业研究丛书"之一，是 1992 年美国国际贸易委员会受美国参议院财政委员会委托而进行的三大产业(蜂窝通信、飞机及计算机)全球竞争力调查报告之一。本书围绕美国大型民用飞机产业的全球竞争力开展的，首先，围绕全球大型民用飞机产业结构展开，系统阐述了美国、西欧和独立联合体国家的产业现状，包括主制造商、供应商以及国际合作情况；接着描述了全球主要国家和地区大型民用飞机的市场结构及采购过程，并介绍了全球民航领域在 1978 年至 1993 年期间的发展趋势；提出了决定大型民用飞机产业竞争力的一系列企业内部因素和外部因素，并重点介绍了政府政策对大型民用飞机产业竞争力的影响。通过对比分析美国、西欧、俄罗斯和日本在航空研发基础设施能力和资金支持方面的情况，报告指出了美国大型民用飞机制造商的竞争地位，以及美国和西欧大型民用飞机产业之间的主要竞争差异，并预测了美国制造商未来的行业竞争地位。

图书在版编目 (CIP) 数据

　　国家竞争：美国大飞机产业竞争力调查 ：1978—
1993 / 美国国际贸易委员会著；孙志山等译. -- 上海：
上海交通大学出版社，2024. 12 -- (大飞机产业研究丛书).
ISBN 978 - 7 - 313 - 31885 - 5

　　Ⅰ. F471.165

　　中国国家版本馆 CIP 数据核字第 2024TZ2814 号

国家竞争：美国大飞机产业竞争力调查(1978—1993)
GUOJIA JINGZHENG：MEIGUO DAFEIJI CHANYE JINGZHENGLI DIAOCHA (1978—1993)

著　　者：[美] 美国国际贸易委员会		译　　者：孙志山　欧鹏 等	
(U. S. International Trade Commission)			
出版发行：上海交通大学出版社		地　　址：上海市番禺路 951 号	
邮政编码：200030		电　　话：021 - 64071208	
印　　制：上海万卷印刷股份有限公司		经　　销：全国新华书店	
开　　本：710 mm×1000 mm　1/ 16		印　　张：15.5	
字　　数：191 千字			
版　　次：2024 年 12 月第 1 版		印　　次：2024 年 12 月第 1 次印刷	
书　　号：ISBN 978 - 7 - 313 - 31885 - 5			
定　　价：90.00 元			

译审团队

孙志山　欧　鹏　阎　超　何畏霖
戴明浩　王　璠　孙　浩　李艾伦

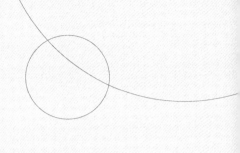

总　序

　　飞翔是人类共同的梦想。从中国神话的列子御风、古希腊神话的伊卡洛斯飞天，到圣本笃修会僧人艾尔默的翅膀、明朝万户的火箭，人类始终未能挣脱地面的束缚。20世纪初，美国莱特兄弟驾驶自己制造的飞行者1号飞上天空，第一次实现了重于空气的动力飞行器可操纵、可持续飞行，人类文明一举迈入航空时代。从两次世界大战期间军用飞机大爆发，到和平年代商用飞机大发展，全球航空产业历经百年演进，孕育出大型客机（以下简称"大飞机"①）这一人类工业的皇冠。

　　大飞机的发展，是一部追逐梦想的不懈奋斗史。

　　几个世纪以来，无数科学家、梦想家、实践家用智慧、奋斗、奉献、冒险、牺牲铺就了人类飞天之路。从第一个开展飞行科学研究的达·芬奇，到开创流体动力学的丹尼尔·伯努利，从提出现代飞机布局思想的乔治·凯利，到首次将内燃机作为飞机动力的塞缪尔·兰利，经过前赴

---

　　① 大飞机这一术语并没有严格的定义。在本丛书中，学者们用到了商用飞机、民用飞机、大飞机等术语，商用飞机、民用飞机往往是相对于军用飞机而言的，民用飞机的概念相对宽泛，不仅包括航空公司用于商业运营的商用飞机，而且包括各种小型的民用飞机。大飞机一般指100座以上特别是150座以上的喷气式商用飞机。

后继的探索，经过两次工业革命的积淀，到 20 世纪初，飞机已经呼之欲出。继莱特兄弟之后，巴西的杜蒙、法国的布莱里奥、加拿大的麦克迪、中国的冯如、俄国的西科斯基，先后驾驶飞机飞上蓝天，将梦想变为现实。

百年来，从科学家、工程师到企业家，大飞机行业群星璀璨，英雄辈出。英国德·哈维兰研制了全球首款喷气客机，将民用航空带入喷气时代。美国比尔·艾伦领导波音公司推出波音 707、727、737、747 系列喷气客机，奠定了波音大飞机的霸主地位。法国伯纳德·齐格勒应用数字电传操纵和侧杆技术打造空客公司最畅销的机型 A320，奠定空客崛起的坚实基础。苏联图波列夫研发世界首款超声速客机图-144，安东诺夫推出世界上载重量最大、飞行距离最长的安-225 超重型运输机，创造了苏联民用航空的黄金时代。

大飞机的发展，是一部波澜壮阔的科技创新史。

天空没有边界，飞机的发展就永无止境。战争年代的空天对抗、和平年代的市场竞争，催动大飞机集科学技术之大成，将更快、更远、更安全、更舒适、更经济、更环保作为始终追求的目标，不断挑战工程技术的极限。飞机问世不久，很多国家就相继成立航空科学研究机构，科学理论探索、应用技术研究、工程设计实践、产品市场应用的紧密结合，使得飞机的面貌日新月异。

从双翼机到单翼机，飞机的"体态"愈加灵活；从木布、金属材料到复合材料，飞机的"骨骼"愈加轻盈；从传统仪表驾驶舱到大屏幕玻璃驾驶舱，飞机的"眼睛"愈加清晰；航空电子从分散连接到一体化高度集成，飞机的"大脑"愈加高效；飞行控制从机械液压到电传操纵，飞机的"肌肉神经"愈加敏锐；发动机从活塞式到涡喷式再到大涵道比、高推力的涡扇式，使人类的足迹从对流层拓展至平流层。现代经济高效、安全舒适的大飞机横空出世，承载着人类成群结队地展翅于蓝天之上，深刻改变了人类交通出行的方式，创造出繁荣的全球民用航空运输市场。

大飞机的发展，是一部追求极限的安全提升史。

安全是民用航空的生命线，"不让事故重演"是这个行业的基本准则。据不完全统计，20世纪50年代以来，全球民用航空发生九千余起事故，其中致命事故近两千起，造成六万余人遇难。事故无论大小，民用航空都会进行充分的调查、彻底的反思，一次次的浴火重生，换来一系列持续扩充、高度复杂、极为严苛、十分宝贵的适航条例，让大飞机成为世界上最安全的交通工具。今天，世界民用航空百万小时重大事故率低于1，相当于人的自然死亡率，远远低于其他交通工具，但仍然不是零，因此，确保安全永远在路上。

适航性①是大飞机的基本属性，不符合适航条例要求、没有获得适航认证的飞机，不允许进入市场。美国是世界上第一个拥有系统适航条例和严格适航管理的国家，美国联邦航空管理局（FAA）历史悠久，经验丰富，其强大的适航审定能力是美国大飞机成功的关键因素之一。1990年，欧洲国家组建联合航空局（JAA），后发展为欧洲航空安全局（EASA），统一管理欧洲航空事务，力促欧盟航空业的发展，为空客的崛起发挥了重要的支撑保障作用。我国自20世纪80年代以来，已逐步建立完备的适航体系，覆盖了从适航法规、航空营运到事故调查等民用航空的方方面面。今天，适航条例标准不断提升、体系日益复杂，不仅维护着飞行安全，也成为一种极高的技术壁垒，将民用航空显著区别于军用航空。

大飞机的发展，是一部激烈竞争的市场争夺史。

大飞机产品高度复杂，具有显著的规模经济性、范围经济性和学习经济性，促使飞机制造商努力扩大规模、降低成本。虽然大飞机的单价

---

① 适航性，指航空器能在预期的环境中安全飞行（包括起飞和着陆）的固有品质，这种品质可以通过合适的维修而持续保持。

高，但全球市场容量较为有限，相比智能手机年交付上十亿台、小汽车年交付上千万辆，大飞机年交付仅两千架左右，不可能像汽车、家电等行业容纳较多的寡头企业。大飞机的国际贸易成为典型的战略性贸易，各国飞机制造商纷纷以客户为中心、以技术为手段、以产业政策为支撑，在每个细分市场激烈角逐，谋求占据更大的国际市场份额。很多研制成功的机型没能通过市场的考验，而一款机型的失利，却可能将一家飞机制造商带向死亡的深渊。

20世纪50年代，波音707力压道格拉斯DC-8，打破了道格拉斯在客机市场近30年的垄断。60年代，波音747、麦道DC-10和洛克希德L-1011争雄，L-1011不敌，洛克希德退出客机市场。70年代，欧洲联合推出A300，在可观的财政补贴下，逐步站稳脚跟，空客公司成为大飞机领域的二号玩家。80年代，空客推出A320，与波音737缠斗数十年，而麦道MD-80/90在竞争中落败，导致企业于90年代被波音公司兼并。进入21世纪，加拿大庞巴迪力图进军大飞机领域，曲折艰难地推出C系列飞机并获得达美航空75架订单，引发波音公司诉讼而止步美国市场，遂将C系列出售给空客公司，彻底退出商用飞机领域。

大飞机的发展，是一部全球协作的产业变迁史。

早期的客机，技术相对简单、成本相对较低，有着众多的厂商。伴随着喷气飞机的出现，产业集中度快速提升。美国的马丁、洛克希德、康维尔、道格拉斯等一大批飞机制造商在激烈的厮杀中一一退出，最终仅波音公司一家存活。欧洲曾经孕育了一大批飞机制造商，如德·哈维兰、英宇航、达索、法宇航、福克、道尼尔等，最终或退出市场，或并入空客公司。今天，全球大飞机产业形成了波音、空客双寡头垄断格局，波音覆盖150～450座，空客覆盖100～500座，两家公司围绕全产品谱系展开竞争。在两大飞机制造商的牵引下，北美和欧洲形成两个大飞机产业集群。

在产业格局趋于垄断的同时,大飞机的全球分工也在不断深化。出于降低成本、分担风险以及争夺市场等方面的考虑,飞机制造商在全球化的时代浪潮下,通过不断加大业务分包的比例,建立和深化跨国联盟合作,形成飞机制造商—供应商—次级供应商的"金字塔"产业格局,将企业的边界外延到全球,从而利用全球的科技、工业、人才和市场资源。在此过程中,新兴经济体通过分工进入产业链的低端后,不断尝试挑战旧秩序,逆势向飞机制造商的角色发起了一次次冲锋。然而无论是采取集成全球资源、直接研制飞机的赶超战略,还是选择成为既有飞机制造商的供应商、切入产业链后伺机谋求发展的升级战略,以塑造一家有竞争力的飞机制造商的目标来衡量,目前成功者依然寥寥。

大飞机研制投入大、回报周期长、产品价值高、技术扩散率高、产品辐射面宽、产业带动性强,是典型的战略性高技术产业。半个多世纪以来,各国学者围绕大飞机产业的发展,形成了琳琅满目、浩如烟海的研究成果,涉及大飞机产业发展历程、特点规律、战略路径、政策效果等方方面面,不仅凝聚了从大量失败案例中积累的惨痛教训,也指引着通往成功的蹊径,成为后发国家汲取智慧、指导实践以及开展理论创新的重要参考。相比之下,中国的研究相对较少,可以说凤毛麟角。为此,我们策划了这套"大飞机产业研究丛书",遴选、编译国外相关研究成果,借他山之石以攻玉,帮助更多的人了解大飞机产业。

我们的工作只是一个开始,今后将继续努力推出更多优质作品以飨读者。在此,感谢参与本丛书出版工作的所有编译者,以及参与审校工作的专家和学者们,感谢所有人的辛勤付出。希望本丛书能为相关人员提供借鉴和启迪。

译者序

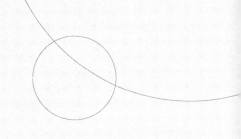

　　根据美国《1930 年关税法》第 332 条(即"332 条款")及其修正案规定,美国国际贸易委员会(United States International Trade Commission, USITC)可以应美国总统、众议院筹款委员会(the U. S. House of Representatives' Committee on Ways and Means, USHRCWM)、参议院财政委员会(the U. S. Senate's Committee on Finance, USSCF)和美国贸易代表(the U. S. Trade Representative, USTR)的要求,就包括美国与他国产业竞争态势在内的任何涉及关税和贸易的事项,进行"常规性事实调查(General Fact Finding Investigations)",或称"332 调查",并在要求的时间内向提出调查要求的主体提交调查报告。USITC 也可以在认为合适的情况下自行发起调查。"332 调查"报告中反映的贸易信息,很可能会导致美国提高相应产品的进口关税。

　　1992 年 6 月 11 日,美国国际贸易委员应参议院财政委员会的要求,分别对蜂窝通信、飞机和计算机工业等三个领域分别开展"332 调查",并完成有关报告,本书内容即是其中之一——聚焦美国先进技术制造业中的大型民用飞机产业的全球竞争力,充分凸显了美国政府对民用飞机这一关键产业的高度关注,并期望通过政府干预持续保持美国民用飞机产业的全球优势。

本书可分为 7 个章节。第 1 章重点介绍了研究范围、研究方法和研究框架，以使读者对报告的写作思路和脉络建立整体认知。第 2 章重点介绍了全球大型民用飞机产业结构，分别描绘了美国、西欧和独联体国家民用飞机产业的发展历史以及主要制造商、供应商的发展形势等，并分析了各自在民用飞机领域的产业优势。第 3 章重点介绍了全球大型民用飞机的主要市场和客户，分析了市场和采购流程，并描绘了 1978—1993 年全球航空产业发展的趋势。第 4 章重点介绍了全球大型民用飞机产业竞争力的决定性因素，重点从公司内部因素和外部因素两大方面围绕 10 个要素开展论述。第 5 章介绍了政府政策对全球大型民用飞机产业竞争力的重要影响，分别描述了美国和西欧政府通过直接和间接的方式支持民用飞机项目发展，包括制定法律政策、出口融资、出口管制、反托拉斯法（反垄断法）、环境法、反海外腐败法、劳动法等影响飞机贸易的某些协议。第 6 章介绍了美国、西欧、俄罗斯和日本等国家和地区在研发资金筹措方面的概况以及研发设施和能力，并开展了对比分析。第 7 章介绍了美国大型民用飞机制造商当前的竞争地位及与西欧大型民用飞机制造商的竞争差异，通过对比分析描绘了未来美国大型民用飞机产业竞争地位的图景。

当前，我国正在加快民用飞机规模化产业化发展，本书介绍了美国及西欧在维持大型民用飞机产业领域竞争优势的实践做法，对于我国如何发挥政府提供直接和间接支持以及制定政策法规，护航大型民用飞机产业的健康茁壮发展有着现实的借鉴意义和启示价值。

前　言

　　1992 年 6 月 11 日,应参议院财政委员会要求,美国国际贸易委员会根据《1930 年关税法案》第 332(g)条对美国先进技术制造业的全球竞争力进行三项调研,分别关于蜂窝通信、飞机和计算机工业。这是应财政委员会的要求,于 1990 年开始的一系列研究的一部分。委员会于 1992 年 9 月 2 日进行了"332 调查"——"先进技术制造业的全球竞争力:大型民用飞机"。

　　委员会指出,美国关键行业的全球竞争力与美国国会利益密切相关,受到国会持续关注。国会要求委员会的研究应尽可能囊括与该行业全球竞争力相关的要素,包括但不限于政府政策、监管和贸易障碍、研究开发经费和支出、空客联合体在民用飞机领域的竞争问题,以及国外利益集团对美国航空航天技术和制造商的潜在收购。

　　调研通知书的副本张贴在位于华盛顿特区的美国国际贸易委员会秘书办公室,同时发表在 1992 年 9 月 14 日的《联邦公报》(57 卷,第 178 号)上。1993 年 4 月 15 日举行了与调研相关的公开听证会。

　　编写本报告的资料源于国内外制造商、行业协会、航空公司、研究机构和相关政府官员。调查问卷由全球市场前三大买家完成。公开听证会上的陈词和书面意见提供了大型民用飞机产业竞争的大量相关信息。工作人员还完成了关于一般竞争力和全球大型民用飞机产业竞争力文献的严格审查。

目　录

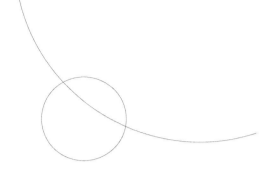

导言　001

0.1　行业及市场情况　003

0.2　全球大型民用飞机产业竞争力的决定因素　005

0.3　全球大型民用飞机产业的竞争　005

0.4　美国大型民用飞机产业的竞争地位　009

第1章
概述　011

1.1　研究范围　012

1.2　研究方法　013

1.3　研究框架　018

第2章
全球大型民用飞机产业结构　021

2.1　美国　022

2.2　西欧　040

2.3 独立国家联合体   050

第 3 章
全球大型民用飞机市场结构   057

3.1 主要地区市场和客户   058

3.2 营销和购买过程   064

3.3 1978—1993 年全球航空运输业趋势   078

第 4 章
全球大型民用飞机产业竞争力的决定性因素   097

4.1 引言   098

4.2 公司内部因素   098

4.3 外部因素   120

第 5 章
政府政策对全球大型民用飞机产业竞争力的影响   127

5.1 引言   128

5.2 政府对大型民用飞机制造商的直接和间接支持   128

5.3 可能间接影响大型民用飞机竞争力的政府项目和法律   151

5.4 关于适用关贸总协定中民用航空器贸易协定的协议   170

第 6 章
全球大型民用飞机产业研发概况与比较 175

6.1 引言 176

6.2 航空研发要素 181

6.3 各航空研发中心可用研发要素 185

6.4 研发能力对比 211

6.5 结论 215

第 7 章
主要研究成果 219

7.1 美国大型民用飞机制造商目前的竞争地位 220

7.2 美国和西欧大型民用飞机产业之间的主要竞争差异 221

7.3 美国大型民用飞机制造商的未来竞争地位 223

导 言

1992 年 6 月 11 日，美国参议院财政委员会要求美国国际贸易委员会对选定的三项美国先进技术制造业的全球竞争力进行评估，此次调研的对象是其中的第二项，其他两项研究评估了蜂窝通信和计算机行业。蜂窝通信产业报告于 1993 年 6 月 11 日提交；计算机产业报告定于 1993 年 12 月 7 日提交。这三项研究是 1990 年开始的一系列竞争性评估的一部分。

　　在此项研究中，委员会被要求调查与全球大型民用飞机产业竞争力有关的因素①，包括但不限于政府政策、监管和贸易障碍、研究开发经费和支出、空客联合体在民用飞机领域的竞争问题，以及国外利益集团对美国航空航天技术和制造商的潜在收购。

　　本调研分析主要聚焦美国和西欧的大型民用飞机制造业，还包括一些关于俄罗斯大型民用飞机产业的讨论，因为俄罗斯正开始生产用于出口的飞机。虽然日本不是大型民用飞机制造国，但考虑到它参与航空研发的背景，对其同样进行了调研。

　　全球民机产业涉及 100 座以上的民用客机和 33 000 磅（约 1.5 吨）以上货机的制造商，包括美国和西欧的三家主制造商和两家小型主制造商，以及俄罗斯的两家主制造商。其中美欧两家主制造商是美国波音公司和麦克唐纳·道格拉斯（以下简称"麦道"）公司，以及空中客车

---

　　①　调研对象不包括对 100 座级以下的飞机、军用飞机或大型民用飞机零部件供应商的分析。

工业(以下简称"空客")公司,一个由四家西欧制造商组成的联合体①。

在独立联合体国家之外的全球大型民用飞机交付量中,波音公司、麦道公司和空客公司通常占 90%。剩下的两家西方制造商荷兰福克(最近被德国的戴姆勒-奔驰收购)和阿芙罗国际航空有限公司(英国宇航和台翔航太工业股份有限公司的合资公司)的竞争集中在较短航程(120 座以下)的市场,是全球民机产业的次要成员。俄罗斯两大民用飞机制造商伊留申公司和图波列夫公司长期为国内和其他非市场经济体设计和生产大型民用飞机,并开始制造用于出口的大型民用飞机。

本次调研的目的是确定影响美国大型民用飞机产业全球市场竞争力的企业内部和外部因素。内部因素包括公司战略和私有部门资助的研发项目等。外部因素包括市场和宏观经济变量,如汇率和燃料价格,以及影响大型民用飞机产业的政府政策等。

0.1 行业及市场情况

1988—1992 年,美国大型民用飞机制造商在全球的订单、交付量和未交付订单中所占的份额波动下降。1987—1988 年,全球大型民用飞机市场增长量为 1 141 架,1992 年下降到 438 架。美国在全球市场的订单份额(以架计算)从 1988 年的 81%下降到 1992 年的 64%左右。1992 年,美国大型民用飞机制造商占全球交付量的 73%和储备订单的64%。美国订单份额下降的主要原因是来自空客公司的竞争——空客公司的订单、交付量和储备订单都有所上升。

据估计,波音公司的商用飞机收入将从 1990 年的 213 亿美元增加

---

① 空客公司是 1970 年根据法国法律成立的经济利益集团。

到 1991 年的 229 亿美元、1992 年的 242 亿美元；储备订单总值从 1991 年的 979 亿美元下降到 1992 年的 879 亿美元①。波音公司的大型民用飞机部门——波音民用飞机集团的雇员总数从 1988 年的 57 000 人增加到 1992 年的 84 000 人。

麦道公司的商用飞机收入从 1990 年的 39 亿美元增长到 1991 年的 68 亿美元，然后在 1992 年下降至 66 亿美元。公司储备订单总值从 1991 年的 304 亿美元减少到了 1992 年的 241 亿美元。民用飞机部门雇员②总数从 1988 年的 38 400 人下降到了 1992 年的 30 400 人。

1992 年，大型民用飞机的主要市场是美国、西欧和亚太地区，占全球机队的近 92%。美国大型民用飞机制造商的产品占全球大型民用飞机机队的 84%，其中，占美国的 93%、西欧的 75%、亚太的 74%。

据估计，1990—1992 年，全球的航空公司在国际定期航班服务上损失了 110 多亿美元。航空运输业的财务状况不佳，增加了飞机租赁、购买二手飞机、推迟订单和推迟采购新机型的可能性。

越来越多的飞机设备销售份额将来自美国以外的市场。美国大型民用飞机制造商应将重点放在新兴市场，同时保持在成熟市场的高占有率。签订联合制造协议通常能打开市场准入的大门。美国大型民用飞机制造商已经与欧洲和远东地区的制造商签订了此类协议。

航空运输业正在走向可能产生"超级航空公司"的全球联盟。"超级航空公司"将在与大型民用飞机制造商的谈判中拥有相当大的影响力。

---

① 就业数据不包括威奇托工厂。
② 包括军用 C-17 项目的人员。

0.2　全球大型民用飞机产业竞争力的决定因素

影响全球大型民用飞机产业竞争力的因素包括政府政策、私有和公共部门的研发资助、公司策略、共通性（制造商产品线中通用部件和/或系统）、在行业内的时间长短（影响基于共通性的订单、成本效益、生产率、市场信誉）、航空公司的盈利能力、筹集资金的能力和汇率。

0.3　全球大型民用飞机产业的竞争

0.3.1　政府政策

尽管许多法律规定和政府政策会对大型民用飞机产业的竞争力产生影响，但只有少数，如政府直接和间接支持，会产生重大影响。

1）西欧

西欧各国政府对空客项目的直接支持降低了空客大型民用飞机的研发、制造和营销成本。据报道，从 20 世纪 60 年代末到 1989 年，英国、法国和德国政府向英国宇航和戴姆勒-奔驰的子公司德国空客公司拨付 135 亿美元，直接支持空客公司的生产和经营。到 1989 年为止，总共拨付了 82 亿美元。

委员会工作人员已确定上述已拨付和即将拨付的援助金额是可信的。这些数据来自有关国家的政府预算，以及与划拨资金有关的立法和行政报告。

与波音公司相比，空客公司的合作公司对军品销售的依赖性更强，尽管其程度不及麦道公司。对军品销售的高度依赖性可能会加速飞机的设计和生产，使其相比于没有军品项目的公司能更快地发展能力。

2）美国

美国政府曾两次授权直接支持①美国大型民用飞机产业。20 世纪 60 年代末，美国为麦克唐纳飞机公司和道格拉斯飞机公司的合并提供了贷款担保。20 世纪 70 年代初，美国还提供担保贷款以确保洛克希德公司的偿付能力。

美国对大型民用飞机产业的间接支持是通过国防部的研发和军事合同，以及美国国家航空航天局（National Aeronautics and Space Administration，NASA）的研发项目提供的。美国的政策并不是为了确保美国大型民用飞机制造商在商业运营中取得成功，而是通过研发支持和大量军品订单使美国制造商能够将风险降到最低，并且快速发展其航空研发技术和制造基础设施。

3）双边支持协定

美国和欧洲共同体于 1992 年 7 月签署的《美国与欧共体关于在大型民用飞机贸易领域实施 GATT 民机贸易协议的协议》（1992 年协议）取消了未来政府对大型民用飞机制造的直接支持（如生产补贴），但对现有的政府支持项目进行了保留，并且允许在一定的限制和范围内对其提供直接的研究支持（如研发补贴）。1992 年协议还要求各方确保政府的间接支持不会给国内制造商带来不公平的竞争，或扭曲大型民用飞机的国际贸易。1992 年协议还对与大型民用飞机产业和个别企业的年度商业销售相关的间接支持进行了具体限制。

0.3.2　公司结构

作为一个经济利益集团，空客公司不需要向公众报告财务业绩。

① 美国政府和欧盟委员会目前正在就如何定义、量化间接支持进行沟通和谈判。

此外,虽然合伙人公司需要纳税,但空客不需要为其利润纳税,除非它自己选择这样做。而美国制造商必须遵守美国证券交易委员会制定的税收要求和信息披露标准。

经济利益集团能够筹集个体公司无法筹集的金融资源,同时可以利用其成员公司的资源。这种结构还使该实体能够把与高成本的研发、制造和营销新产品相关的财务风险分摊给成员公司。

空客成员公司不需要与其他成员,也就是空客公司的股东分享成本信息,因此与美国同行相比,它们受到的股东监督和控制较少。然而,各成员的所有者和分包商的双重角色包含着一种内在的紧张关系,这可能使每个合作伙伴难以确定自己的最佳利益,更不用说空客公司作为一个整体的利益了。相比之下,美国制造商需要对许多不是制造合作伙伴的股东负责,更多时候需要基于成本做出决定。

0.3.3 研究和开发

在可预见的未来,美国在航空研发方面的能力仍将保持强劲。然而,美国的专业技术将日益受到空客公司和西欧航空研发机构的挑战。美国公共和私有部门研发组织对航空航天研发机构的总体资助高于西欧,这或将确保美国在计算流体动力学等关键领域的熟练掌握和应用,从而确保领导地位。

几乎所有由美国私有部门资助的大型民用飞机研发项目都用于研发新产品或改进现有产品。美国私有部门的航空研发往往是短期的专利研发,可以保证短期的经济回报,以支撑支出的合理性。美国私有部门往往在长期的通用研发项目上投资不足,因为这些项目在短期内获得足够回报率的能力有限。

在西欧,国家实验室和政府资助的研发往往以产品为导向。这些实验室和政府研究机构与大型民用飞机制造商的合作比美国更紧密。

在美国所有工业部门中,航空航天产业的研发支出占销售额的份额排名第八,1991 年为 3.8%。相比之下,西欧私有部门历来在航空航天的研发支出均超过销售额的 15%,使航空航天成为欧洲第三大研发投资领域,仅次于电子电气和化学工业。

欧盟委员会报告称,航空产业是唯一一个从政府获得超过 50% 研发资金的行业。然而,在欧洲共同体(European Economic Community)发表这一评论的时候,尽管西欧航空业的产能在提升,但西欧各国政府对研发的资助比例却在下降。

美国私有和公共部门的航空研发支出略高于西欧。1991 年,NASA 的航空研发预算总计 5.12 亿美元,相比之下,四个西欧国家实验室(法国宇航院、德国宇航中心、英国国防研究局和荷兰国家航空航天实验室)的预算为 4.45 亿美元。美国政府在 1992 年增加了在航空研发方面的开支,预计在 20 世纪 90 年代中期这项开支将进一步增加。1992 年,NASA 航空研究与开发支出增加到 5.554 亿美元(不包括工作人员的支出),预计 1993 财年增加到 7.168 亿美元,1994 财年增加到 8.772 亿美元。NASA 官员预计,由于大型民用飞机研发的公共资金减少,西欧实验室的资金将保持相对平稳。

在私有部门,波音公司和麦道公司在研发上的投入为 18 亿美元,1991 年空客公司主要合作伙伴的投入为 16 亿美元。1992 年,波音公司和麦道公司的研发费用增加至 24 亿美元,法国宇航、英国宇航、德国宇航等公司的研发费用增加至 19 亿美元。

美国在计算流体力学领域的领先地位得益于掌握复杂的计算机技术,比如超级计算机的使用。然而,使用超级计算机本身并不能确保在计算流体力学领域的优势。例如,俄罗斯研究人员已经开发了非常复杂的计算流体力学问题的算法,但计算设备的限制阻碍了他们在这一领域的研究。相比之下,拥有超级计算机的日本公司还没有在计算流体方面取得重大进展。随着西欧和俄罗斯飞机制造商越来越多地使用超级计算机和其他复杂计算机,美国在这一领域的领先地位优势将被日益削弱。

风洞试验越来越多地被计算流体力学模拟所取代;然而,风洞仍然是飞机研发的重要设备。西欧在现代风洞设备上进行了大量投资,用于空气动力试验。美国最近才开始风洞修复项目,目前,美国的风洞还不能与西欧的风洞相提并论。1988 年,美国国会授权为 NASA 提供 3 亿美元资金,用于修复其 41 个风洞中的 6 个。然而,NASA 艾姆斯研究中心的大部分风洞已被关闭或正待修复。

近年来,空客公司比美国制造商更广泛地应用了 NASA 的研究,比如,借鉴了 NASA 在机翼、空气动力学,以及在主要结构(如垂尾和控制面)应用新材料(如复合材料)的研究成果。

0.3.4　监管和贸易政策

全球大型民用飞机产业的竞争力受《美国反垄断法》《海外反腐败法》、飞机合格审定要求和出口管制等监管限制的影响很小。

0.4　美国大型民用飞机产业的竞争地位

随着全球经济衰退的结束,预期的需求增长和机队更新需求可能会对美国民用飞机产业的表现产生某种冲突的影响。尽管美国订单应该会恢复并增长,但不足以满足全球需求的增长。这种情况将为空客公司和俄罗斯飞机制造公司等潜在新进入者的市场份额提供增长空间。

第 1 章
概　述

1.1 研究范围

全球大型民用飞机产业包括 100 座以上（客机）的民用飞机制造商或 33 000 磅（约 1.5 吨）以上（货机）的制造商，涉及西方的三家大型主制造商和两家小型主制造商，以及俄罗斯的两家主制造商。其中两家西方主制造商是美国的波音公司和麦道公司，第三家西方主制造商是空客公司——一个依据法国法律成立的、由四家西欧生产商（法国宇航、德国航空航天公司、英国宇航和西班牙航空制造有限公司）组成的经济利益集团。除此之外的两家西方制造商，即荷兰福克（最近被德国的戴姆勒-奔驰收购）和阿芙罗国际航空有限公司（英国宇航和台湾翔太的合资公司），其产品主要集中在较小座级（120座）的市场，因而在全球大型民用飞机产业中属于次要成员。俄罗斯的两家主要制造商伊留申公司和图波列夫公司长期为国内和其他非市场经济体设计和生产大型民用飞机，并开始涉足用于出口的大型民用飞机。

目前，大型民用飞机的主要市场是美国、西欧和亚太地区。这些地区的机队占全球大型民用飞机机队的近 92%。

美国的飞机生产影响了本国近 80% 的经济。根据一项研究，航空运输每增加 1 美元，经济产出预计将增加 2.3 美元；每增加 10 亿美元，就能为美国创造近 35 000 个就业岗位[①]。

美国制造商在全球飞机市场的主导地位正面临来自空客公司越来越大的竞争压力。美国大型民用飞机制造商关注的是空客公司研发飞机和市场营销的方法，特别是与政府补贴有关的问题。

这份报告涵盖 15～25 年的时间跨度，力图更准确地捕捉全球大型民用飞机产业的总体趋势和两个塑造了当前竞争环境的重大事件（1970 年空客公司创建和 1978 年美国航空运输业管制放松）的长期影响。

1.2 研究方法

本研究通过对调查收集的信息进行综合分析，确定影响美国大型民用飞机产业在全球市场竞争力的内外部因素。内部因素包括公司战略和私有部门资助研发的情况；外部因素包括市场和宏观经济变量，如汇率和燃料价格，以及影响大型民用飞机产业的政府政策。衡量美国大型民用飞机产业竞争力的指标是全球市场占有率。

1.2.1 数据收集工作

本报告在编写时参考了许多信息源，包括对国内外大型民用飞机和发动机制造商的现场电话采访，对行业协会、航空公司、科研机构以及国内外政府官员的走访，对在美国、法国、德国、荷兰、比利时、英国、俄罗斯等地工厂的实地考察。为了获取大型民用飞机的市场信息，编写组邀请了全球前三大市场的采购商填写调查问卷[②]。1993 年 4 月 15

---

① John W. Fischer, et al. *Airbus Industrie: An Economic and Trade Perspective* (Washington, DC: Congressional Research Service, Feb. 20, 1992), summary page.

② 1992 年，美国、西欧及亚太市场的客运量占全球客运量的近 92%。

日举行公开听证会。此次听证会和听证会后的报告提供了大量关于大型民用飞机产业竞争力信息。编写组严格审阅了全球大型民用飞机产业竞争力的资料，包括对政府政策和研发问题的研究，还查阅了关于竞争力的通用文献，以提供大型民用飞机产业的调研背景。

1.2.2　竞争力定义

国际竞争力在美国已经成为一个备受关注的话题：媒体对其进行反复剖析，许多公共机构和私人也组织开展大量研究。这些分析和研究从三个不同的层面考察了竞争力：国家、产业和公司。

里根总统的产业竞争力委员会对国家竞争力的定义如下：

竞争力是一个国家在自由和公平的市场条件下，生产符合国际市场检验标准的商品和服务，同时保持或提高其公民实际收入水平[①]。

竞争力政策委员会也发布了类似的定义：

美国的经济竞争力——生产和提供满足国际市场要求的商品和服务的能力，同时确保（美国）公民的生活水准得到长期持续和实质性的提高[②]。

产业和企业层面的竞争力通常被定义为随着产品和生产过程的发

① Commission on Industrial Competitiveness. *Global Competition—The New Reality*(Washington，DC：Jan. 1985)，vol. Ⅰ，p. 6.

② Competitiveness Policy Council. "Building A Competitive America," *First Annual Report to the President and Congress*(Washington，DC：Mar. 1992)，p. 1.

展,在竞争环境中维持有利可图的市场地位的能力。西欧的多尔·史里芬提出了一个简化的定义:

> 竞争力是在可持续发展的基础上,让客户购买你的产品或服务的能力①。

这类成功可以通过贸易平衡和市场份额来衡量,或者通过利润、出货量,以及每个员工的实际收入和就业情况来衡量。根据上述定义,一个企业可以在同一时间在多国的同一行业中具有竞争力②。

根据冈瑟对产业政策文献的调查,产业竞争力的主要决定因素包括四个:成本结构、产出和投入的质量——尤其是劳动力的质量、汇率,以及影响产业绩效和结构的政府政策③。这些因素可以分为内部因素和外部因素,内部因素是企业可以控制的,外部因素是企业无法控制的。例如,一个企业的生产部门利用有效的学习可以显著降低劳动力和材料成本;市场利率也会影响成本,但这在很大程度上超出了公司的控制范围。此外,政府政策的许多方面被视为影响产业结构和绩效,进而影响其竞争力的外部因素④。

本研究旨在评估大型民用飞机产业的竞争力。在这一评估中,一个重要的考虑因素是这一竞争在动态条件下发生的根本变化。阿尔讯

---

① Theodore W. Schlie. *Analysis of Studies of the International Competitiveness of Specific Sectors of U. S. Industry*, draft prepared for Competitiveness Policy Council (Bethlehem, PA: Jan. 26, 1993), p. 8.

② Gary L. Guenther. *Industrial Competitiveness: Definitions, Measures, and Key Determinants*(Washington, DC: Congressional Research Service, Feb. 3, 1986), p. 5.

③ 同上。

④ Richard R. Nelson. "Government Stimulus of Technical Progress: Lessons From American History," in *Government and Technical Progress: A Cross-Industry Analysis* (New York: Pergamon Press, 1982), pp. 451 - 482.

密斯·马赫提供了衡量大型民用飞机产业竞争历史的动态维度：

> 从第二次世界大战结束到 20 世纪 80 年代，美国人在民用航空领域实际上享有垄断地位。这种情况是由于热爱飞行的飞行员/经理们积极利用了一系列独特的历史和政治因素。但这种特殊的因素组合已经永远消失，随之而去的还有美国的垄断。波音公司和道格拉斯公司现在面临着严峻的外国竞争，在急剧变化的环境中，它们的技术优势降低了，客户关系从工程转向了金融，生产和营销的全球化也加速了[①]。

改变大型民用飞机产业竞争格局的一个主要因素是美国航空运输业的放松管制。在马赫看来，这种改变使得成本取代技术，成为航司选择飞机的主要因素。虽然这种情况提高了效率和销售额，对大型民用飞机制造商产生了许多积极的经济影响，但根据马赫的数据，它也对整个行业产生了负面影响：对技术的需求减弱了，航空公司工程技术能力的下降加速了，来自启动客户的进度付款枯竭了，密切的客户关系和服务被租赁公司削弱了，老旧飞机和发动机持续使用及维护减少使得安全性降低了[②]。

大型民用飞机产业必须调整竞争策略，以适应不断变化的环境。在飞机销售中，大型民用飞机制造商不再专注于推广技术功能和产品支持，而是推广一整套方案，从创新性融资到高级政府官员的个人参与

---

① Artemis March. *The U. S. Commercial Aircraft Industry and its Foreign Competitors*(Cambridge, MA: MIT Commission on Industrial Productivity, 1989), p. 1。马赫并没有过多强调成本结构在美国早期大型民用飞机制造业中的重要性。

② 同上，p. 5。George Eberstadt. "Government Support of the Large Commercial Aircraft Industries of Japan, Europe, and the United States," contractor document for Office of Technology Assessment, *Competing Economies: America, Europe, and the Pacific Rim*(Washington, DC: Congress of the United States, 1991), pp. 195 - 210。

等。此外,制造商参与国际合资企业,以促进技术的流动,并在关键技术方面取得领导地位,同时也更加强调生产和技术成本。因此,使用更新、更先进设备的潜在优势通常被拿来与航空公司继续使用效率低、已贬值或价格低的老飞机的动机进行权衡[1]。换句话说,"1978 年对国内航空运输业的放松管制从根本上改变了航空公司以及制造商之间竞争的重心,使之从性能转向了价格"[2]。

相比之下,竞争力委员会以及美国航空航天工业协会认为,大型民用飞机产业的竞争主要由技术竞争驱动[3],市场的成功仍将主要取决于技术的进步。

在高科技产业,价格与技术的相对重要性往往决定了竞争力:即竞争对抗是基于价格取胜,还是通过技术进步提高绩效取胜[4]。最近对大型民用飞机产业的一项分析指出,因为新飞机的推出总是涉及巨大的风险,而且继续使用已被认可的机型的成本优势是巨大的,所以现有的制造商推迟创新是可以理解的。换句话说,这个行业的整体状况在静态生产效率与动态效率之间、生产者利益与消费者利益之间制造了内在的紧张关系[5]。

---

[1] Artemis March. *The U. S. Commercial Aircraft Industry and its Foreign Competitors* (Cambridge, MA: MIT Commission on Industrial Productivity, 1989), pp. 5 – 6.

[2] 同上,p. 30。

[3] Council on Competitiveness. "A Competitive Profile of the Aerospace Industry," research paper for *Gaining New Ground: Technology Priorities for America's Future* (Washington, DC: Mar. 1991), p. 14. Virginia Lopez and David Vadas. *The U. S. Aerospace Industry in the 1990s: A Global Perspective* (Washington, DC: The Aerospace Research Center, Aerospace Industries Association of America, Inc., Sept. 1991), pp. 11 – 13.

[4] Schlie, p. 2.

[5] Laura D. Tyson and Pei-Hsiung Chin. "Industrial Policy and Trade Management in the Commercial Aircraft Industry," ch. in *Who's Bashing Whom? Trade Conflict in High-Technology Industries* (Washington, DC: Institute for International Economics, 1992), p. 156.

通过提高生产效率获得的较低成本和价格可能会被采用新技术所抵消。如果有几个玩家参与其中，特别是存在新进入者时，情况就会快速动态变化。

虽然大型民用飞机产业竞争力的定义与国家层面的通用定义相同，但需要采取不同的衡量标准。如前所述，推荐的衡量标准是每个员工的实际净收入或产业利润。由于缺乏这些指标的数据，研究人员经常选择分析市场份额。因此，本项研究选择了美国航空业在全球市场的份额——订单数作为标准来衡量美国在大型民用飞机产业的竞争力。

1.3 研究框架

第2章回顾了美国、西欧和独立国家联合体的产业结构。讨论的具体议题包括市场份额、风险分担形式、区域优势、主制造商和供应商国际合作的类型和程度，以及技术转让。

第3章描述主要国家/地区的大型民用飞机市场和主要购买者，研究了买方和供应商之间的相互作用，特别关注合同过程，同时阐述了全球民用航空运输业的发展趋势，包括管制放松、航空公司盈利能力变化和全球化等。

第4章描述和评价了决定全球大型民用飞机产业竞争力的各种因素，包括企业内部因素，如企业结构和企业战略，以及外部因素，包括市场、宏观经济因素、政府政策。

第5章和第6章分别详细讨论了两个重要因素：政府政策和研发。

第5章研究了具体国家的政策，包括公司结构、支持项目、反垄断、税收、出口援助（包括出口融资和风险承担）、采购政策、法规和合格审定要求。

第 6 章概述和比较了主要的大型民用飞机制造国的研发资金、支出和基础设施能力，同时研究了日本的研发能力。

第 7 章介绍了本研究的主要发现，讨论了美国大型民用飞机制造商目前的竞争地位、美国和西欧大型民用飞机产业之间的主要竞争差异，以及美国制造商未来的行业竞争地位。

第 2 章
全球大型民用
飞机产业结构

2.1 美国

2.1.1 美国大型民用飞机产业发展史

本节首先概述美国大型民用飞机产业的发展历史，接着回顾美国的技术转让和风险共担协议，最后评估美国大型民用飞机产业的优势。

2.1.1.1 1945年后的主要主制造商

1945—1960年，五家美国制造商——波音公司、联合-伏尔提公司（后来是通用动力公司的康瓦尔分部）、道格拉斯飞机公司、洛克希德飞机公司和格伦马丁飞机公司，制造了全球航空服务中使用的大多数大型民用运输飞机。在此期间，以产品线闻名的道格拉斯公司和以生产速度闻名的洛克希德公司是最赚钱的大型民用飞机制造商。20世纪50年代中期之前，波音公司主要为军方制造飞机，它在商业上的成功比不上道格拉斯公司和洛克希德公司。

1945年以来，飞机发动机技术的重大进步使得主制造商能够提供搭载涡轮螺旋桨①和涡轮风扇发动机的机型②。这些发动机提高了飞

---

① 涡轮喷气发动机使用燃气涡轮产生推动飞机前进的推力。涡轮螺旋桨发动机是一种带有齿轮箱和螺旋桨的涡轮喷气发动机，它依靠螺旋桨给飞机提供动力。涡扇发动机由一个涡轮喷气发动机和一个附在发动机前部的封闭风扇组成，其直径大于发动机本身。

② Laura D. Tyson and Pei-Hsiung Chin, "Industrial Policy and Trade Management in the Commercial Aircraft Industry," ch. in *Who's Bashing Whom? Trade* （转下页）

机的速度和对乘客的吸引力,这两个因素对全球各国航空公司而言都很重要。此外,航空学领域的发展,如后掠翼的设计,有助于提高飞机的性能,使主制造商能充分发挥涡轮风扇发动机的潜力。

2.1.1.2　美国重大飞机项目[①]

1)喷气机时代

1952 年,波音公司推出了 367 -/80 型飞机,这是美国制造的第一架喷气动力运输机。1954 年 7 月首飞后,改型飞机立即获得了美国空军的订单。这一型号随后演变为波音 707,由泛美航空公司在 1958 年 10 月首次投入商业运营。道格拉斯公司先前低估了喷气发动机技术的普及程度,直到 1959 年才交付了第一架喷气飞机 DC - 8。得益于早期对发动机新技术的投资,1959—1964 年,波音公司在美国交付大型民用飞机的份额持续增加[②]。

(接上页) *Conflict in High-Technology Industries* (Washington, DC: Institute for International Economics, 1992) p. 177, 183. Tyson, in citing Mowery and Rosenberg ["The Commercial Aircraft Industry," ch. in Richard Nelson, ed., *Government and Technical Progress: A Cross-Industry Analysis* (New York: Pergamon Press, 1982), p. 141],在 1938—1978 年,航空旅行是由美国政府严格控制的。因此,在竞争的基础上,使用先进的飞机是航空公司重要的营销战略。如果一家航空公司使用了相对较新的机型,其竞争对手就会觉得自己处于不利地位。

　①　本部分信息部分来源于 John E. Steiner. "How Decisions Are Made: Major Considerations for Aircraft Programs,"speech delivered before International Council of the Aeronautical Sciences, American Institute of Aeronautics and Astronautics, Aircraft Systems and Technology Meeting, Seattle, WA, Aug. 24, 1982, pp. 18 - 20.

　②　新发动机技术的影响反映在 20 世纪 50 年代末美国大型民用飞机市场份额数据中。1955 年洛克希德·马丁停止生产大型民用运输机。1955 年至 1958 年间,大型民用运输机市场由道格拉斯公司、洛克希德公司和康维尔公司生产的活塞发动机飞机主导。1958 年,排名前两位的是道格拉斯公司(59.8%)和洛克希德公司(14.6%)。1959 年,道格拉斯公司的份额下降到 10.8%,洛克希德公司上升到 57.8%,而波音公司(1955—1957 年没有交付大型民用飞机)占据了 30.1%的市场份额。直到 1964 年,波音公司继续增加其交付的份额。洛克希德公司在 1962 年停止了涡轮螺旋桨飞机伊莱克特拉的生产,在 1958 年和 1959 年未能交付大型民用运输机的康威尔公司也在 1960 年停止了活塞发动机的生产,并开始交付大型喷气民用飞机。1992 年 11 月 2 日,法国图卢兹,空客公司官员接受美国国际贸易委员会工作人员的采访,*Pedigree of Champions: Boeing Since 1916* (Seattle, WA: The Boeing Co., 1977), p. 57.

2）大型喷气飞机

美国最早研发大型喷气飞机的设想是在 20 世纪 60 年代早期全球市场扩张时提出来的，标志性产品包括波音 747、道格拉斯 DC - 10、洛克希德 L - 1011。波音公司的目标是设计一架"超级飞机"，具有高性能和低座英里成本。这架飞机在推出时，打算以其超大尺寸在 4 年后做到"产品-市场匹配"（匹配预计的客货市场规模）。但其风险是巨大的，例如飞机设计、工厂建设和并行研发的普惠 JT9D 发动机能否满足交付计划等方面。波音 747 于 1970 年 1 月 21 日首次投入运营。

DC - 10 和 L - 1011 最初于 1971—1972 年交付，直接形成竞争，但没有与波音 747[①] 形成直接竞争。DC - 10 和 L - 1011 在技术上是可以被接受的，具有类似的航程。然而，这两家公司都没有培育起对应的目标市场[②]。

3）超声速运输机

20 世纪 60 年代早期，美国政府在波音公司、康威尔公司、洛克希德公司和美国军用飞机制造商之间举行了一场竞标，以选定超声速运输机（SST）的设计方案[③]。1966 年 12 月 31 日，美国政府宣布，波音公司的 2707 - 200 飞机赢得了竞争[④]。然而，美国参议院最终否决了对该飞机的资助，该项目于 1971 年 5 月 19 日正式取消[⑤]。美国民用飞机产业

---

① 可容纳 350 名乘客的波音 747 在同一座级上没有竞争对手。DC - 10 和 L - 1011 混合客舱布局可容纳 250~300 名乘客。

② Steiner, p. 20。波音 747 在推出后的头几年里销售不佳。这反映了当时市场的普遍状况。

③ Richard K. Schrader. *The Full Story of the Anglo-French SST: Concorde* (Missoula, MT: Pictoral Histories Publishing Co., 1989), p. 21.

④ 同上，p. 37。美国超声速运输机的预计成本从 10 亿美元增加到 40 亿美元。事实证明，这架飞机太重，无法按原计划飞行，并引发了人们对地球臭氧层潜在损害的担忧，并超出了预期成本。法英协和飞机的研发成本估计为 43 亿美元。Ian McIntyre, *Dogfight: The Transatlantic Battle over Airbus* (Westport, CT: Praeger Publishers, 1992), p. 32.

⑤ Schrader, p. 37.

界为 SST 项目所做的研究产生了以下副产品：

- 现代飞行甲板的技术。
- 计算机在航空工程问题中的大规模应用。
- 钛合金发展与新结构理念。
- 军民两用飞机的增强飞行控制系统（放宽静稳定度－主动控制）[1]。

2.1.1.3　美国大型民用飞机产业的结构变化

1）制造商/飞机项目

1967 年 4 月 28 日，拥有 23 亿美元储备订单、濒临破产的道格拉斯公司[2]与大型军用飞机制造商麦克唐纳公司合并，成立麦道公司[3]。此次合并得到了美国政府 7 500 万美元贷款担保的帮助[4]。1971 年，洛克希德公司唯一发动机供应商罗尔斯－罗伊斯（以下简称"罗罗"）公司由于军用 C－5A 运输机项目的财政困难濒临破产[5]，同时，来自道格拉斯 DC－10 的竞争压力日益增大。最终，2.5 亿美元的联邦贷款担保和英国政府对罗罗公司的救助，才避免了洛克希德公司的崩溃[6]。据业内人士称，这些举措对 L－1011 来说为时已晚。航空运输业对洛克希德公司和罗罗公司长期偿债能力的怀疑制约着这两家公司的销售。洛克希德公司在 1985 年停止了其宽体 L－1011 客机的生产，使波音公司和麦

①　Steiner，p. 17.

②　David C. Mowery. *Alliance Politics and Economics: Multinational Joint Ventures in Commercial Aircraft* （Cambridge，MA：American Enterprise Institute，Bollinger Publishing Co.，1987），p. 39.

③　道格拉斯飞机公司成为麦道公司的一个部门，负责民用和军用运输机。

④　Virginia C. Lopez and David H. Vadas. *The U. S. Aerospace Industry in the 1990s: A Global Perspective* （Washington，DC：The Aerospace Research Center，Aerospace Industries Association of America，Inc.，Sept. 1991），p. 51.

⑤　McIntyre，p. 88.

⑥　John Newhouse. *The Sporty Game* （New York：Alfred A. Knopf，1982），p. 182.

道公司成为美国仅存的大型喷气民用飞机制造商①。

2）现状

1988—1992 年，美国制造商占全球大型民用飞机订单、交付和储备订单份额波动下降（见图 2.1～图 2.3）。全球大型民用飞机市场在 1987—1988 年显著增长，1988—1990 年下降，1991 年略有上升（见图 2.1）。美国在全球市场的订单份额（以架计算）从 1988 年的 81% 下降到 1992 年的刚刚超过 64%。来自空客公司的竞争是美国市场下滑的主要原因。空客公司的订单、交付量和储备订单量都随着美国制造商份额的下降而上升。1988—1992 年，波音公司的总销售额翻了一番，从 122 亿美元增加到 247 亿美元②，而麦道公司的收入增加了 26%，从 138 亿美元增加到 174 亿美元③。

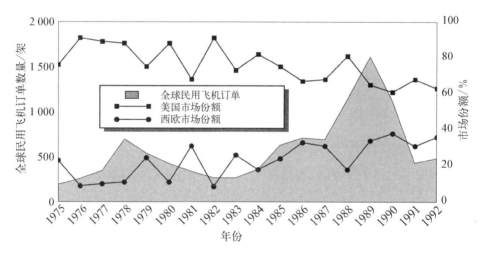

图 2.1　全球大型民用飞机订单（1975—1992 年）美国和西欧市场份额

资料来源：欧洲共同体委员会；波音民用飞机集团。制造商包括法国宇航、空客公司、波音公司、英国宇航、达索-布雷盖公司、福克公司和麦道公司。

---

①　康威尔公司未能成功进入喷气飞机市场，于 1962 年停止交付。洛克希德公司继续生产其 C-130（大力神）涡轮螺旋桨飞机的大型民用飞机版本，即 L-100。

②　The Boeing Co.，1992 Annual Report，p. 51.

③　McDonnell Douglas Corp.，1992 Annual Report，p. 52.

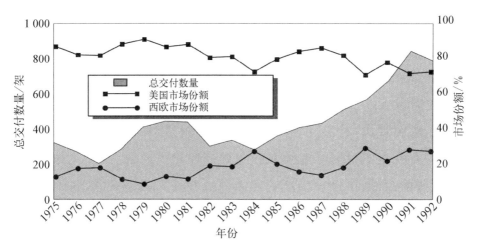

图 2.2 全球大型民用飞机交付(1975—1992 年)美国和西欧市场份额

资料来源:欧洲共同体委员会;波音民用飞机集团。制造商包括法国宇航、空客公司、波音公司、英国宇航、达索-布雷盖公司、福克公司和麦道公司。

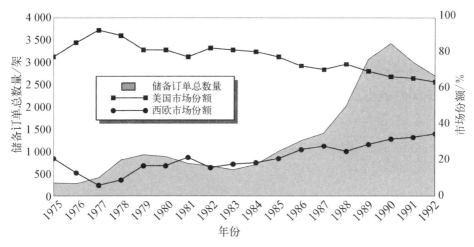

图 2.3 全球大型民用飞机未交付订单(1975—1992 年)美国和西欧市场份额

资料来源:波音民用飞机集团。制造商包括法国宇航、空客公司、波音公司、英国宇航、达索-布雷盖公司、福克公司和麦道公司。

在 1988—1992 年，波音民用飞机集团的总从业人数，从 57 000 增长到 84 000[1]，而道格拉斯飞机公司（麦道公司负责大型民用飞机和 C-17 军用运输项目的部门）的从业人数同期从 38 400 下降到 30 400[2]。为了推出最新型的波音 747、研发新的波音 737 和波音 777，波音公司增加了雇员。由于 MD-11 的研发和生产需求减少，加上艰难的公司重组的影响，为了提高生产率，道格拉斯公司减少了雇员人数。

短期内，不太可能出现新的美国大型民用飞机制造商，主要有以下几点原因：① 设计、研发、制造和支持大型民用飞机需要投入高昂费用[3]；② 当前市场状况不佳，现有制造商产能削减，航空运输业实际和预期利润减少；③ 军费开支削减。业内人士还表示，出于类似原因，美国大型民用飞机发动机或主机制造市场没有潜在的竞争者。

3）飞机主要子部件供应商

（1）机身/零部件制造商。

全球大型民用飞机制造商可以更恰当地描述为机体结构组装商。成千上万的次级供应商为美国制造商生产了多达70%或更多的机身价值的部件（不包括发动机）。在某些情况下，只有一两家供应商具备提供某些部件的专业技术，例如大型钛锻件[4]或发动机涡轮叶片等产品。

---

① 1993 年 1 月，美国国际贸易委员会工作人员电话采访波音公司高管。波音公司在 1993 年 2 月宣布，考虑到市场状况，可能裁员多达 28 000 人。

② 1993 年 6 月，美国国际贸易委员会工作人员电话采访麦道公司高管。麦道公司宣布，由于目前的经济衰退，可能会大量裁员。

③ 在 20 世纪 30 年代，道格拉斯公司花费了大约 300 万美元来生产 DC-3；DC-8 于 1958 年推出，耗资约 1.12 亿美元［R. Miller and D. Sawers, *The Technical Development of Modern Aviation*（London：Routledge & Kegan Paul，1968），p. 267, as cited in Mowery, *Alliance*，p. 34］。波音 747 于 20 世纪 70 年代初交付，据估计成本超过 10 亿美元。最近，英国宇航（占 150 座级空客 A320 客机 26% 研发、生产份额）预估其成本为 9 亿美元，这就意味着 A320 的总成本预计超过 30 亿美元。参见 Arthur Reed，"Airbus A320 Launched with British Loan to BAe," *Air Transport World*，Apr. 1984，pp. 17-18。生产超高座级飞机的成本估计高达 100 亿美元。

④ 这些锻件犹如班卓琴式样的外壳，例如麦道 MD-11 的垂直安定面和发动机。

对于大多数专业技术不强的组件,供应商基于价格、交付量和质量来竞争销售份额。为了在所在国销售飞机,大型民用飞机制造商必须提供补偿协议,给这些国家的零部件制造公司一定的生产份额①。这将减少一些美国供应商的业务,并且可能有长期的负面影响,因为外国企业会从技术转让中不断学习发展②。

（2）发动机制造商。

大型民用飞机项目的成功在很大程度上取决于推进系统的研发成功。此外,发动机还是飞机价值最高的部件。发动机的选择是至关重要的,可能比机身本体的决策更复杂,因为这涉及三方（主制造商、客户和发动机制造商）,并且发动机的研发比飞机机体需要的时间更长③。

美国联合技术公司（普惠分公司）和通用电气公司（General Electric，GE）是大型民用飞机发动机的两家主要生产商。截至1992年12月31日,普惠公司和GE公司的喷气发动机分别为全球58％和12％的大型民用飞机提供动力④。

通常,一个大型民用飞机制造商会选择一家发动机公司的产品来启动一个新项目。最初波音707和波音737-100/200,以及道格拉斯DC-9/MD-80都由普惠发动机提供动力。随着波音747（1970年）和后来波音757/767（1983/1982年）的问世,航空公司可以在普惠公司、GE公司和罗罗公司的发动机中进行选择,从而在购买决策中引入了新

---

① 信息来自美国和西欧业界,美国国际贸易委员会工作人员采访,1992年9—11月。

② Artemis March. *The U. S. Commercial Aircraft Industry and its Foreign Competitors*（Cambridge，MA：MIT Commission on Industrial Productivity，1989），p. 10.

③ Steiner，p. 22.

④ Boeing Commercial Airplane Group. *World Jet Airplane Inventory，Year-End 1992*（Seattle，WA：The Boeing Co. ，Mar. 1993），p. 22. 市场份额不包括普惠公司或GE公司与国际合作伙伴合作的项目。如果包括合作项目,其市场占有率分别为53％和27％。

的元素。发动机制造商之间对特定机型市场份额的竞争，使得航空公司可以要求大型民用飞机制造商和发动机制造商在价格和融资方面做出让步。这也为大型民用飞机制造商提供了一个优势，因为它可以将一些让步的负担转移到发动机制造商身上。

2.1.2 美国技术转让和风险共担协议的类型和范围

2.1.2.1 大型民用飞机制造业支撑技术背景[①]

美国大型民用飞机产业技术进步迅速的一个主要原因是借鉴和受益于其他高新技术产业的创新[②]。例如，高速超级计算机可以在没有风洞的情况下精确地模拟飞机表面空气流动情况，这个过程称为计算流体力学模拟过程，它说明了气流如何在不同角度、不同温度和空气密度条件下影响飞机。现在，超级计算机可以在几天内完成这些复杂的方程运算，这相比于以前运算速度较慢的计算机，是一个重大进步。

作为信息集成手段，计算机同样也被引入大型民用飞机驾驶舱[③]。随着平板显示器的普及，电磁仪表的图像可以通过投射显示，不同的信息可以独立显示在不同的面板或被叠加在同一个面板上，这由飞行员决定。此外，计算机还帮助研究人员开发了全权限数字发动机控制（FADEC）系统。FADEC系统可以帮助改进监测和调整发动机运行参数，例如燃油流量和速度。这种对飞机发动机的增强控制减少了燃料消耗和维修次数。

复合材料越来越多地用于大型民用飞机机身。它的主要优点是高

---

① 关于当前技术的进一步讨论见第 6 章。
② Mowery. *Alliance*，p. 32.
③ 对于目前应用于空客公司 A320 飞机上的"电传"和"光传"操纵系统，计算机也是不可分割的一部分。电传系统有两大优点，一是减轻液压飞控系统/管道的重量，二是无论飞机在地面上或飞行中，地面支持人员均能获得飞机的飞行数据。

强度、低重量，缺点是价格和损伤探测问题。虽然它的强度适合于飞机的主要结构（机翼/机身/起落架），但固有的问题尚未完全得到解决。到目前为止，复合材料已用于大型民用飞机地板、机翼、起落架舱门和飞机发动机短舱①。

2.1.2.2 美国与国外公司的技术转让协议

美国的公司普遍被认为是航空航天业的技术领导者，技术往往从美国流向外国②。美国的公司表示，它们可以通过掌握比所分享技术更新更先进的技术来保持领导地位。技术转让主要发生在军用飞机项目上，大型民用飞机项目几乎没有发生转让。美国政府已经限制了几个领域的技术转让，包括翼型、碳-碳复合材料和其他高温元件、超高速集成电路、数字飞行控制计算机的源代码③。已经转让的技术通常是在生产技术领域，而不是在设计、开发和销售领域④。

关于航空航天技术转让问题，公开的案例之一是1989年1月美国通用动力公司和日本三菱重工⑤关于研发和生产战斗机（FS-X）的协议。1988年11月双方签署的谅解备忘录就预示了双方即将签订这一协议。协议规定了两家公司之间的工作份额和技术转让的具体条款。该飞机将基于通用动力公司20世纪70年代设计的F-16C而开发⑥。协议的支持者认为合作不会涉及向日本转让技术，就像与挪威、荷兰和比利时等北约同盟国现有的合作项目一样。该交易的反对者却担心美

---

① 飞机发动机短舱进气道引导气流进入发动机。

② 根据1993年2月美国国际贸易委员会对航空公司进行的问卷调查，在大型民用飞机产业中，美国并不被认为是先进技术整合的领导者。

③ John D. Morrocco. "Revised FSX Pact Eases Trade, Technology Concerns," *Aviation Week & Space Technology*，May 8, 1989，p. 16, as cited in Lopez and Vadas, p. 21, footnote 10.

④ Mowery. *Alliance*，p. 54.

⑤ 通用动力公司生产军用战斗机和大型民用飞机的机身面板，不制造大型民用飞机。

⑥ 1993年，通用动力公司将其F-16生产设施出售给了洛克希德公司。

国在飞机系统集成领域向一个准备打造大型民用飞机制造商的国家提供援助所产生的后果。

虽然该协议要求共同研发，但它并不代表真正的风险共担，因为日本将独自承担研发成本，并且日本政府将为成品提供有保障的市场。作为转让机体技术的回报，通用动力公司将获得该项目产生的所有新技术，但有关相控阵雷达、惯性导航、电子战和火力控制计算机技术的信息将受到限制[1]。

2.1.2.3 风险共担在大型民用飞机研发中的作用

1) 机体制造商

近年来，大型民用飞机项目的风险共担有所增加，原因包含几个方面。风险共担可以满足采购国与大型民用飞机无关的补偿要求，减少大型民用飞机制造商所需的初始投资（资本和人员）[2]，促进出口销售融资[3]，并可能有助于向风险共担国销售飞机[4]。每个大型民用飞机的机体和发动机制造商都参与了跨国合资企业，在某种程度上以风险共担的方式开展其未来的全部或大部分项目。外国合作伙伴可以获得工程、制造和管理方面的专业知识，并分享潜在的利润。通常情况下，美国的合作

---

① Lopez and Vadas. p. 21. 本文所涉及问题更详细的讨论见美国众议院科学、空间和技术委员会的调查和监督小组委员会、国际科学合作小组委员会和运输、航空和材料小组委员会的听证会，1989 年 4 月 6 日和 5 月 11 日，第 62 号。另外，参见"FSX Fighter Agreement with Japan," CRS Issue Brief, Richard F Grimmett. Congressional Research Service，updated Mar. 20，1989，以及 Memorandum to the Committee from Jack Moffett, Congressional Research Service，Apr. 3，1989。

② 例如，在 1993 年 1 月，空客公司和波音公司的四个合作伙伴同意进行一项关于研发 600 座以上飞机的可行性研究。空客公司不是协议的一方。该项目的研发成本可能达到 100 亿美元。

③ Lopez and Vadas. p. 26.

④ Mowery. *Alliance*，p. 69。例如，波音公司与日本零部件制造商建立了重要关系；据波音公司称，全日空航空公司目前是全球最大的波音 767 飞机运营商，日本航空公司是全球最大的波音 747 飞机运营商。来自 1992 年 9 月 14 日，华盛顿州西雅图，波音公司高管接受美国国际贸易委员会工作人员采访。

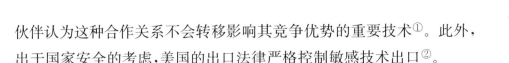

伙伴认为这种合作关系不会转移影响其竞争优势的重要技术[1]。此外，出于国家安全的考虑，美国的出口法律严格控制敏感技术出口[2]。

（1）波音公司。

在20世纪60年代中期，波音公司将波音747项目早期生产价值的70%转包给美国和国外供应商，同时有许多次级供应商提供资金支持最初生产的200架飞机的非经常性成本[3]。1978年，意大利飞机制造公司（一家意大利零部件制造商）和日本商业运输发展公司（JCTDC，日本飞机开发公司的前身）[4]与波音公司签署了一项谅解备忘录，作为风险共担分包商制造波音767的襟翼和机身面板[5]。意大利飞机制造公司和日本商业运输发展公司承担前500架飞机总值约15%的研发和生产成本[6]。这两家次级分包商从各自的政府获得了高达其研发成本[7]50%的资金支持[8]。据

---

[1] GE公司和普惠公司已经构建好外国合作伙伴关系，它们只向伙伴共享接口，不共享内部设计，从而确保对发动机"重点部分"的控制。March, p. 10.

[2] 外国对美国飞机和发动机制造业的直接投资（FDI）从1986年的4.59亿美元上升到1990年的8.31亿美元，上涨81%。与其他行业相比，这些领域的外国直接投资金额不大。例如：1990年汽车工业的外国直接投资达27亿美元；建筑和采矿设备的投资为44亿美元；而在家用音像设备行业则达到62亿美元。David Vadas. "Foreign Direct Investment in the U. S. Aerospace/Defense Market," The Aerospace Research Center, Aerospace Industries Association of America, Inc., Oct. 1992, p. 6.

[3] 这种转包的趋势是20世纪60年代末波音公司大规模人力资源堆积，随后大规模裁员的缩影。Richard G. O'Lone. "Boeing Cools on Cooperative Programs," Aviation Week & Space Technology, June 6,1977, pp. 48 - 49 as quoted in Mowery, Alliance, p. 68.

[4] 这两个集团的主要成员包括三菱重工、川崎重工和富士重工。

[5] 相对于波音747项目，波音767项目更严重地依赖外国分包商，依赖对象主要是意大利航空公司（Aeritalia，现在是阿莱尼亚公司）和日本商用飞机公司（JCAC）。Mowery. Alliance, pp. 68, 70。

[6] Mowery. Alliance, p. 70.

[7] 对于日本合作伙伴来说，政府的资金是以贷款（约7 300万美元）的形式提供的，可从飞机生产的利润中偿还。Mowery. Alliance, p. 70.

[8] 外国制造商通常从它们的政府那里获得生产大型民用飞机的流动资金。日本政府向以联合形式运作的航空企业提供一部分研发资金（通常是50%）。Akihiko Takao. "Japan's Aerospace Industry: Government Policy and Support," Interavia, Sept. 1986, as cited in March, p. 18.

波音公司称，波音767项目的日本分包商是在与美国本土公司接洽后才被纳入考虑范围的，美国公司要么没有能力，要么不愿意冒险投资[①]。此外，日本飞机开发公司同意向波音公司支付1.43亿美元的专项费，作为对波音公司的设计经验及其全球销售和支持网络的感谢[②]。一些行业官员指出，波音公司后来能够自行支持波音757项目的研发，正因为它与波音767项目有广泛的共性。

1986年3月，波音公司就波音7J7飞机[③]研发与瑞典的萨博公司、北爱尔兰的肖特兄弟公司和日本飞机开发公司签署了另一份风险共担谅解备忘录。萨博公司和肖特兄弟公司承担5%的研发费用，日本飞机开发公司承担约25%。这一协议标志着日本飞机开发公司在波音767项目协议上取得的重要进展。因为在波音767项目协议中，日本飞机开发公司处于次级分包商的地位。

1991年5月，波音公司与日本飞机开发公司的成员企业签署了一项协议，允许它们成为波音777机身结构部分设计、制造和测试工作的合作伙伴。日本飞机制造株式会社和新美和产业株式会社将作为主要转包商负责波音777机身结构20%的工作，包括大部分机身面板和门、机翼中心部分、机翼-机身整流罩、机翼梁和肋骨[④]。

---

① U. S. General Accounting Office（GAO）. *U. S. -Military Co-production Agreements Assist Japan in Developing Its Civil Aircraft Industry*（Washington，DC：GAO，1982），note，p. 16 引用 Mowery，*Alliance*，p. 69，footnote 5。在日本，通商产业省（现为经济产业省）一直支持着日本主要的航空航天公司，因为这些行业利用高技术投入与其他研发密集型产业联系，并制造高附加值产品。

② Mowery. *Alliance*，p. 70。

③ 波音7J7最初是波音公司和日本飞机发展公司在1984年打造的一个合资项目——一种中型能力（150座）飞机。1986年，该协议扩大到包括更多的合作伙伴，并于1991年续签。然而，波音7J7项目没有发展到原型阶段，因为它对标的市场条件（预期的高航油价格）没有实现。

④ 1991年，在波音777项目中，大约有260名日本员工在西雅图的波音公司工作。日本工程师（约190人）正在学习使用波音公司的计算机系统研发波音777的子系统。1992年，波音公司与日本合作伙伴建立了卫星通信联系，用于与波音777子系统（转下页）

波音公司还参与了中国台湾和俄罗斯的项目。台湾工业技术研究院（ITRI）将投资 200 万～300 万美元建立一处新的航空航天质量认证测试设施。波音公司将就满足国际适航标准所需的程序向 ITRI 提供建议①。按照设想，该设施将成为未来航空和空间技术中心的核心部分②。此外，波音公司与俄罗斯中央空气流体动力学研究所组建了合资企业，共同探索对双方互惠互利的航空领域的合作项目（进一步讨论见第 6 章）。波音公司目前与德国航空航天公司有两项关于 SST 的协议，其中一份协议还有麦道公司的参与。

（2）麦道公司。

1981 年，麦道公司和荷兰福克公司组建了一个合资企业共同研发最初称为 MDF100 的飞机③。1982 年 5 月，福克公司因为更深入地参与到两个自己研发的项目中，退出了该协议。然而，在 MDF100 的研发阶段，麦道公司发现了 DC‑9 机翼的潜力，该机翼能携带更大的发动机，允许飞机将座级扩展到 150 座。

福克公司承担了 MDF100 启动资金中的 10 亿美元，其中近 70％来自公共资金④。与日本飞机开发公司的政府资金一样，福克公司有义务在盈利前偿还每架飞机的特许权使用费，并在盈利后偿还项目总利

（接上页）有关的计算机数据传输。U. S. General Accounting Office. *Technology Transfer: Japanese Firms Involved in F‑15 Coproduction and Civil Aircraft Programs* (GAO/NSIAD‑92‑178，June 1992)，pp. 19‑20。据估计，在日本安装工作站的费用约为 12 亿美元，其中日本公司出资 20％～30％，剩余部分由波音公司出资。"Linked Systems," *Aviation Week & Space Technology*，Nov. 4，1991，p. 15。

① "Boeing Expands Taiwanese Links," *Flight International*，July 15‑21，1992，p. 10.

② "Boeing to Build Quality Assurance Lab for Taiwan in Move Toward Closer Ties,"*Aviation Week & Space Technology*，July 13，1992，p. 33.

③ Mowery. *Alliance*，p. 77.

④ 其中近 7 亿美元将来自公共资金：3. 26 亿美元信贷和 3. 67 亿美元担保贷款。"Industry Observer," *Aviation Week & Space Technology*，Sept. 21，1981，p. 15 as cited in Mowery，*Alliance*，p. 78。

润的固定份额。尽管福克和麦道公司之间的技术转让在 MDF 100 机翼的联合开发工作中比例巨大，但不及上述波音公司和日本飞机开发公司协议中双方约定的技术转让程度①。

麦道公司与中国签订了一项许可授权②。麦道公司于 1985 年 4 月 12 日与上海航空工业公司签署谅解备忘录，在中国本土组装中国订购的 26 架 MD‑82 中的 25 架。1990 年 4 月，中国额外订购 10 架 MD‑82，并在 1992 年 7 月再次订购 20 架③。麦道公司最近签署了一项协议，允许中国生产 20 架 MD‑80 和 20 架 MD‑90 系列飞机（所谓的干线客机项目），旨在为中国组建一个标准化的 170 架运输机队④。

（3）拟议与中国台湾合作。

在过去的两年里，麦道公司的大型民用飞机分部（道格拉斯飞机公司）已经接触了许多国外公司，希望取得战略和/或财务上的联系以启动 MD‑12 飞机的研发⑤。1991 年 11 月，道格拉斯公司与台湾航空航天股份有限公司（TAC）⑥签署谅解备忘录，成立一家临时名为道格拉斯环球的公司。备忘录建议道格拉斯以最高 20 亿美元的价格将其大

① Mowery. *Alliance*，p. 78.

② 授权是指一家公司向另一家公司转让专有技术、专利或商标，以换取许可费或特许权使用费。当一家公司拥有一系列在外国市场上有用的技术技能时，许可的形式在业内非常普遍，如果技术转让费用合理，机会成本不超过许可带来的收益，则许可通常被认为是合理的。Lopez and Vadas. p. 21，footnote 7。

③ *Jane's All the World's Aircraft*，1992—1993（London：Jane's Information Group Ltd.，1992），p. 411.

④ Bruce A. Smith. "Commercial Strategy for Douglas,"*Aviation Week & Space Technology*，Feb. 22，1993，p. 25.

⑤ MD‑12 是一款远程、大座级（400～600 座）大型民用飞机。1992 年 4 月，麦道宣布了四发构型。

⑥ 台湾航空航天股份有限公司成立于 1991 年 9 月 27 日，是中国台湾民用飞机产业的基础。中国台湾当局持有 29% 的股权，提供 2 亿～2.5 亿美元的启动资金。根据台湾航空航天股份有限公司的章程，中国台湾当局可以将其持有的股份最多增加到 45%。台湾航空航天股份有限公司将努力发展中国台湾在飞机、发动机、航空电子设备和材料生产方面的能力。

型民用飞机公司40％的股份出售给TAC。麦克唐纳·道格拉斯希望通过这笔交易获得更多进入亚洲市场的机会，并获得资金注入。反对合并的人则担心中国台湾当局通过TAC获取经济利益和美国技术转让，造成美国人失业的可能[①]。

1992年5月18日，台湾航空航天股份有限公司提交了一份修订提案，其中不包括对道格拉斯的股权注入。该提案要求台湾航空航天股份有限公司为MD-12生产零部件，并成立一家新的租赁公司，作为MD12的启动客户之一。该提案呼吁，如果麦道公司能够获得航空公司30架飞机的启动订单，那么该租赁公司最多可以确定20架MD-12订单。这些订单将由台湾银行（Bank of Taiwan）提供高达25亿美元的信用支持，麦道公司可以以此为抵押，获得MD-12所需的45亿美元研发贷款。作为回报，麦道公司将向台湾航空航天股份有限公司生产中心提供一个价值10亿美元的制造MD-12机翼和机身的补偿合同。台湾航空航天股份有限公司还提出收购麦道的可转换债券，以期在两年后转换为股权[②]。但目前，麦道公司并没有积极考虑这一提议[③]。

2）供应商

（1）通用电气。

1974年，通用电气公司（General Electric，GE）和法国斯奈克玛公司（SNECMA）[④]成立了联合发动机制造公司CFM国际（CFM）。CFM

---

① "Taiwan Aerospace Waffling on Taking Stake in MD-12," *Aviation Week & Space Technology*, May 25, 1992, p. 26.

② "Taiwan Aerospace Seeks MD-12 Rethink," *Flight International*, May 27 - June 2, 1992, p. 5.

③ 1993年7月26日，美国国际贸易委员会工作人员电话采访麦道公司高管。

④ 斯奈克玛公司由法国政府全资所有。

为波音 737 和空客公司 A320① 生产飞机发动机。截至 1992 年 12 月 31 日，CFM 发动机占据了全球大型民用飞机市场 15％ 的市场份额②，为超过 50％ 的 100～200 座飞机提供动力③。GE 公司与斯奈克玛公司、德国 MTU 和日本制造商在 GE‐90 项目上合作，为波音 777 生产一款发动机。

（2）普惠公司。

普惠公司是国际航空发动机公司（IAE）的成员，该公司是由全球飞机发动机制造商组成的联合企业。普惠公司和罗罗公司各持有 IAE 30％ 的股份、日本航空发动机公司④ 持有 19.9％ 的股份、MTU 持有 12.1％ 的股份、意大利菲亚特（Fiat）持有 8％ 的股份。IAE V2500 系列发动机目前用于空客公司 A320 和 A340，占 A320 全部交付量的 35％⑤；该发动机将用于获得认证后的麦道 MD‐90。每个 IAE 非美国成员都利用了外部资金研发这款发动机⑥。普惠公司还与 MTU 和俄罗斯民航部门达成协议，为两架俄罗斯客机研发和联合生产发动机。

2.1.2.4　美国大型民用飞机产业与军用飞机产业的关系

20 世纪 60 年代和 70 年代，美国大型民用飞机制造商为美国军方制造了改进型民用飞机。例如，波音公司在 20 世纪 70 年代末对其波音 707 机身进行了重新构型，采用了复杂的雷达和通信系统，打造了美

---

① 通用电气公司负责设计集成、核心发动机（源自为美国军方研发的 F101 涡扇发动机）和主发动机控制。斯奈克玛负责低压系统、变速箱、附件集成、发动机安装。*Jane's*，p. 638；1992 年 11 月 5 日，巴黎，斯奈克玛公司高管接受美国国际贸易委员会工作人员采访。

② Boeing. *World Jet Airplane Inventory*，p. 22.

③ 同上，p. 22；1992 年 11 月 5 日，巴黎，斯奈克玛公司高管接受美国国际贸易委员会工作人员的采访。

④ 日本航空发动机公司是石川岛重工业、川崎重工和三菱重工组成的财团。

⑤ 1992 年 11 月 5 日，巴黎，斯奈克玛公司高管接受美国国际贸易委员会工作人员的采访。

⑥ Mowery. *Alliance*，pp. 93‐94.

国空军的 E - 3,即机载预警和指挥系统(AWACS)①。同样地,麦道公司在 20 世纪 70 年代末将 DC - 10 大型民用飞机改装为空军的联合货机和加油机 KC - 10。对于美国军方来说,这些经过改装的大型民用飞机是更具经济性的替代品,从而不需要再购买专门设计的飞机。对于美国制造商来说,这些飞机的军事改装拓宽了它们的生产线。欧洲共同体称,美国大型民用飞机制造商在 20 世纪 60 年代后期为满足美国军方的重型起重要求而付出的努力,最终生产了洛克希德公司的 C - 5 Galaxy,使波音公司、洛克希德公司和麦道公司获得了研发宽体飞机所需的专业知识②。如第 5 章所述,美国政府和欧洲委员会正在 1992 年美欧双边协定界定的间接补贴范围内,探讨军事与全球大型民用飞机制造商之间的关系。

2.1.3　美国大型民用飞机产业的优势

美国大型民用飞机产业覆盖生产的所有阶段,包括零部件供应商,到主要部件制造商,以及大型民用飞机制造商。波音公司和麦道公司组装整架飞机,而空客公司的单个成员企业只专注于主要部分,最终组装工作主要由一方完成。此外,在产品线方面,美国公司比空客等一体化程度较低的公司拥有更快、更精简的决策能力。

由于美国制造商在大型民用飞机市场比空客公司耕耘更久,因而他们能够受益于现有优势和动态规模经济,包括更高的生产率和更低的单位成本。自 1975 年以来, 美国在大型民用飞机行业中的订单、交

---

① 波音公司为美国海军生产的预警机 E - 6A TACAMO 机型也使用了这种机身,其通用性达到 75%。因为波音 707 生产线在 1992 年正式关闭,波音公司目前正在考虑使用波音 767 作为替代机体。

② Arnold and Porter. *U. S. Government Support of the U. S. Commercial Aircraft Industry*, prepared for the Commission of the European Communities (Washington, DC: Nov. 1991), pp. 19 - 32.

付量和未交付量的全球市场份额从未低于 60%（见图 2.1～图 2.3）。

如第 6 章所述，美国航空航天研发的基础设施和资金是充足的。这些基础设施和资金主要服务于美国政府的航空航天研发需求。航空航天研发的一个分支就是航空研发，即在飞机上进行的研究。由于基本航空概念意义上的研发对军用和民用飞机都是通用的，从历史上看，一些用于航空航天研发的资金可能也帮助了美国大型民用飞机生产商。虽然这一援助难以定量，但它确已使美国民用飞机产业受益。

2.2 西欧

本节回顾西欧大型民用飞机产业的历史发展和军事制造商与大型民用飞机制造商的关系，讨论西欧大型民用飞机产业的优势。

2.2.1 西欧大型民用飞机产业的历史发展

2.2.1.1 1945 年之后的主制造商

1945 年后，西欧大型民用飞机产业主要由英国和法国制造商组成，包括英国的布里斯托公司、德哈维兰公司、霍克公司、桑德斯罗公司和维克斯公司，以及法国的北方航空公司、国营东南飞机制造公司和布雷盖公司。西欧是喷气飞机运输的先驱。彗星 1 号由德哈维兰飞机公司研发，装配喷气发动机，于 1945 年 9 月 25 日首次飞行。然而，它出现了未知的结构缺陷，后来被确定为金属疲劳①。尽管该机型在 20 世纪 60 年代中期就开始销售，但公司一直未能充分利用好先发优势（见

---

① 彗星号的金属疲劳是由飞机在飞行过程中上升和从海拔 30 000 英尺（9.14 千米）下降的加压和减压循环引起的。其飞行高度大于同时期的大型民用飞机。1992 年 11 月 2 日，法国图卢兹，空客公司官员接受美国国际贸易委员会工作人员的采访。

第 4 章）。世界各国的航空公司更愿意购买波音公司和道格拉斯公司在 20 世纪 50 年代后期推出的两倍于其体积、速度更快（大约每小时快 40 英里）的喷气飞机[①]。

法国研发了世界上第一架窄体双发喷气飞机——南方航空的 64 座、时速 485 英里的"快帆"（Caravelle）。快帆于 1959 年 4 月 26 日投入商用。虽然在西欧航空公司很受欢迎，但由于缺乏机体制造商和发动机制造商罗罗公司的售后支持，它在美国市场不算成功[②]。在此期间，西欧在全球市场上并没有取得和其成熟技术相匹配的商业成功，这使得美国公司能够充分利用先发优势和国内市场的规模优势。

2.2.1.2　主要合作项目

1）协和飞机

20 世纪 60 年代初期，为了应对美国公司在全球市场的成功，英国和法国政府决心打造一个成功的西欧飞机项目，共同研发一款超声速客机，即众所周知的协和客机[③]。该项目的成本预计大大超过以前任何民用飞机项目的成本。项目的主要参与者是法国的南方航空公司和斯奈克玛公司、英国宇航公司和英国的布里斯托西德利发动机公司。该项目于 1963 年正式启动，目标是打造一架长航程、100 座级、2 马赫数的客机[④]，泛美航空公司订购了 6 架该飞机。随着美国政府宣布研发超声速客机的计划，以及当时的苏联也在研究超声速客机[⑤]，西欧对该项

---

①　Schrader, p. 12. 英国另一家主要的喷气动力大型民用飞机制造商维克斯（Vickers）公司生产了 VC-10，这是一款远程飞机，机身后部装有 4 台罗罗涡扇发动机。1964—1970 年交付 54 架。1 英里＝1.61 千米。

②　Newhouse, p. 123. 美国联合航空公司购买了 20 架飞机，成为美国唯一一家运营快帆的航空公司。没有购买这架飞机的航空公司注意到了机体制造商缺乏为客户定制内饰的意愿以及罗罗发动机高昂的维护成本。

③　Steiner, p. 17.

④　2 马赫数对应的速度是声速的两倍，即 1 350 海里/小时。

⑤　Newhouse, p. 124.

目的兴趣日益浓厚。

1969 年 3 月 2 日，协和飞机进行了首次飞行。在美国政府 1971 年取消超声速客机计划后，它没有了竞争对手。然而，有两个问题影响了协和飞机未来的订单：① 它被允许服务的美国市场有限；② 航空公司在成立之初的财务状况不佳①。美国的环保限制大大减少了协和飞机可以服务的城市数量；这种有限的准入限制了协和飞机的市场，使其无法为航空公司提供足够的经济回报。协和飞机问世之时正值世界上大多数航空公司为争夺未来市场举债购买宽体飞机之时②。协和飞机总共生产了 16 架，对制造商来说无异于一场财务灾难③。

2）空客公司

1964 年，英国政府监督成立了普劳登委员会（Plowden Commission），负责解释英国民用飞机产业的竞争问题。委员会在 1965 年 12 月发布的一份报告中指出，英国有限的产业基础和相对较小的国内飞机市场，与美国更广泛的产业基础和相对巨大的国内市场相形见绌，阻碍了英国民机产业的发展④。委员会注意到，在美国制造一架飞机的成本比在英国低 10%～20%，因为更长的生产历史使美国公司能够更快地消化"学习成本"⑤。报告还指出，美国民机产业的生产率是英国的 3 倍，而英国民机产业的生产率也低于法国。

1966 年，法国、德国、英国政府召集主要航空航天产业公司进行了一场讨论，它们认为，面对越来越受欢迎的美国设计，不能让本国的主制造商陷入停滞。西欧与美国关于大型民用飞机的竞争已经在每个成

---

① 1992 年 11 月 2 日，法国图卢兹，空客公司高管接受美国国际贸易委员会工作人员的采访。

② 旅客旅行的预期增长未能实现；随后，航空公司遭遇运力过剩问题。

③ 由于市场无法证明协和飞机的经济效益，协和飞机项目被终止。Steiner，p. 17。

④ "Report of the Committee of Inquiry into the Aircraft Industry,"（London：Her Majesty's Stationery Office，December 1965），p. 3. ，as cited by Newhouse，p. 124。

⑤ Newhouse，p. 124。

员国家展开。在英国,霍克·西德利航空公司和英国宇航公司开始了
各自的研究,法国的布雷盖公司和北方航空公司也启动了生产大型民
用飞机的初步计划,德国公司 ATB Siebelwerke、Bölkow、Dornier、
Flugzeug-union Süd、HFB、Messerschmitt 和 VFW 成立了空客公司,
合作设计大型民用飞机①。

　　这场讨论最终促成了空客公司的成立。英国和法国各自拥有
37.5%的股份,德国拥有 25%的股份。该公司开始规划大型民用飞机
研发项目,作为对法国宇航公司②在飞机设计上的领导地位的回报,首
选罗罗公司作为发动机供应商③。然而,当时罗罗公司决定为洛克希德
公司的 L-1011 提供发动机,但受资金和人员所限,放弃了在拟议中的
飞机项目中的地位。1969 年,英国退出了空客公司。当时还是一家
私有公司的霍克·西德利飞机公司则继续负责新飞机(将称为
A300)机翼的设计和制造。西班牙和荷兰政府共同承担了 A300 超
过 10%的研发成本。此外,比利时的比利时空中巴士公司(Belairbus)
和荷兰福克公司的德国子公司 VFW-Fokker 以主分包商身份参与,
而不是以风险共担伙伴的身份参与④。

　　1970 年 12 月 18 日,空客公司正式开始运营。法国宇航公司和德

---

　　①　Bill Gunston. *Airbus* (London：Osprey Publishing Ltd.，1988)，pp. 13 - 14.
　　②　法国宇航公司是 1970 年 1 月 1 日由北方航空(Nord Aviation)、南方航空(Sud-Est Aviation)和 SEREB 合并而成的公司。*Jane's*，p. 58。目前正在考虑将其私有化。William Drozdiak, "France to Sell Its Control in 21 Key Firms," *Washington Post*，May 27，1993，p. A-1。然而,法国宇航公司和法国交通部的官员表示,由于该公司目前的债务状况和世界各地经济状况的持续疲软,私有化在 1995 年或 1996 年之前不太可能发生。
　　③　英国政府收购了新型 RB 207 发动机 75%的股份,德国和法国各占 12.5%。
　　④　1970 年 12 月 18 日,荷兰政府在 A300B 项目中持有 6.6%的股份,法国和德国的股份从 50%减少到 46.7%。比利时空中巴士是一个由比利时政府(占三分之一)、瓦隆(佛兰蒙)开发局(占三分之一)、SONACA(前 Avions Fairey)、FN(Fabrique Nationale Herstal)、Asco 工业集团,以及工程公司(占三分之一)组成的合资企业。Gunston, pp. 29，92。

国空客公司（Messerschmitt-Bölkow-Blohm[①] 和 VFW-Fokker 的合作企业）为主要合作伙伴。

空客公司总部设在法国巴黎，图卢兹负责设计。西班牙的 CASA 于 1971 年 12 月 23 日加入。英国宇航公司[②]于 1979 年 1 月 1 日成为合伙人，当时的所有权分成如下：法国宇航公司和德国空客公司各占 37.9％，英国宇航公司占 20％，CASA 公司占 4.2％。

空客公司 A300 的设计受到了美国的影响。如前所述，在 20 世纪 60 年代末，美国制造商推出了大型喷气飞机，旨在搭载 250～350 名乘客开展远程商业运输。空客最初决定生产一款 300 座的短程双发宽体飞机。然而，随着美国宣布喷气飞机项目，空客公司将设计座级减少到约 250 座，以避免与美国大型民用飞机直接竞争[③]。由此，A300 没有遭遇类似的双发竞争对手，并获得了西欧各国政府大量的财政支持，为西欧航空产业扩张打下了坚实基础。

A300 之后，空客公司在 1978 年 7 月推出了 A310[④]，这是一架 218 座的飞机，航程超过 3 800 海里[⑤]。这些飞机都找准了波音公司和麦道公司没有触及的细分市场。然而，这些产品并没有催生大规模的市场

---

① 1967 年，MBB 与其他五家德国航空航天公司一起加入了一家有限责任管理公司——德国空中客车公司。1969 年，在英国拒绝参与后，MBB 作为该集团中最杰出的德国公司之一，与德国几个州和德国联邦政府一起加入空客公司。1989 年，MBB 和其他德国政府控股公司被出售给戴姆勒-奔驰公司，德意志航空公司成立。此项计划的一部分包括一项外汇计划，关税及贸易总协定（关贸总协定）小组后来发现该计划违反了关贸总协定的规定（进一步讨论见第 5 章）。McIntyre, p. 68。

② 1977 年，英国飞机公司（控股）有限公司、霍克西德利航空有限公司和苏格兰航空有限公司被国有化，英国航空航天公司（BAe）成立了。BAe 于 1981 年被私有化；然而，英国政府持有一份"特别"股份，以确保 BAe 仍处于英国的控制之下。目前，空客飞机的大部分机翼都是由 BAe 制造的。

③ 随着大型飞机（麦道公司的 DC－10 和洛克希德公司的 L－1011）的出现，A300 的座位缩减了约 50 个。Steiner, p. 27。

④ A310 采用了和 A300 相同的机身截面、不同的发动机和机翼。

⑤ Jane's, p. 92。随后的型号航程超过 4 200 海里。

需求。截至 1992 年 12 月 31 日，A310 飞机共交付了 418 架[①]。

A320 是波音 737 和麦道 MD－80 系列的直接竞争对手，于 1984 年推出。它的推出使西欧的市场份额（订单）连续 3 年增长，而美国的市场份额则相应下降。A320 航程超过 2 800 海里，搭载 150 名乘客[②]；截至 1992 年 12 月 31 日共交付 362 架[③]。截至 1993 年 6 月，空客公司又推出了 4 款飞机：A319、A321、A330 和 A340。A330/340 项目于 1987 年 6 月启动，旨在生产 2 款类似的大座级宽体飞机，与麦道公司的 MD－11 和波音 767 的增程机型竞争。1993 年 3 月，首架 A340 交付，A330 则计划于 1993 年 12 月交付[④]。A319 和 A321 分别是 A320 的缩短和加长的改型。A321 项目于 1989 年 11 月启动，可以搭载 186 名乘客，航程 2 300 海里[⑤]；1993 年 6 月，空客公司在两年一届的巴黎航展上推出 A319，它可以搭载 124 名乘客，航程 2 000 海里[⑥]，比 A320 小，竞争品与波音的 737－500、阿芙罗的 RJ115 和福克的 F－100。A319 预计在 1996 年中期投入使用[⑦]。

目前，西欧有三家大型民用飞机制造商：空客公司、阿芙罗国际航空航天有限公司（Avro，以下简称"阿芙罗公司"）[⑧]、福克公司[⑨]。阿芙

---

① 北美空客公司的高管，美国国际贸易委员会工作人员的电话采访，1993 年 2 月。

② *Jane's*，p. 95.

③ Commission of the European Communities. *The European Aerospace Industry: Trading Position and Figures*，1992（Brussels：Commission of the European Communities，Mar. 1，1992），p. 31.

④ 1993 年 7 月 16 日，美国国际贸易委员会工作人员电话采访北美空客公司高管。

⑤ *Jane's*，p. 95.

⑥ Airbus Industrie. *Product Line Review*（Blagnac，France：Airbus Industrie，Marketing Division，August 1992）.

⑦ Airbus Industrie of North America，Inc. *Insiders Report*，June 1993，front page.

⑧ 1993 年 1 月 19 日，英国宇航和 TAC 协议成立阿芙罗公司。阿芙罗公司将承担 BAe 146 后续产品的生产，该产品已发展为大型民用飞机的 RJ 系列。

⑨ 福克公司最近被德国戴姆勒-奔驰公司（Deutsche Aerospace 的母公司）收购。

罗公司和福克公司分别独立生产 120 座以下的大型民用飞机，并参与空客公司的项目。在 1980—1991 年，它们加在一起只占全球大型民用飞机市场不到 10% 的份额①。

1952—1992 年，西欧大型民用飞机制造商交付量占全球民用飞机的 18%（或 2 405 架）②。1984—1992 年，空客公司获得了约 75% 的西欧订单（1 496 架/2 001 架）和约 14% 的美国订单（415 架/2 889 架）③，在全球窄体飞机市场占据了相当大的份额，这主要归功于 A320 的推出。自 1983 年以来，空客飞机的订单（和交付量）大幅增加，从 10 架（36 架）至 1992 年超过 135 架（157 架）④。

新的西欧大型民用飞机制造商很可能会来自合资企业或现有主制造商之间的合并。德意志航空公司（Deutsche Aerospace）收购福克公司（Fokker）控股权就是这样一个例子。通过此举，德意志航空公司可以获得全球营销和支持经验，而福克将获得现金注入。德意志航空公司也一直在与 ATR 就一系列喷气运输机的生产进行谈判。ATR 由法国宇航公司和阿莱尼亚（意大利）公司组建。与福克公司的合并可能为 ATR 提供一个机会，使其成为德意志航空-福克新实体的成员。

2.2.1.3　飞机主要次级部件供应商

目前，罗罗公司和斯奈克玛公司（通过 CFM 合资）⑤是西欧仅有的两家民用飞机发动机供应商。罗罗公司生产一系列军用和民用涡轮发动机，并与几家世界飞机发动机制造商达成协议，其中最著名的是 IAE

---

① *The European Aerospace Industry*，p. 26.

② 在 1947—1991 年，西欧大型民用飞机公司获得了全球总订单 15 730 架中的 21%（3 373 架）。Boeing. *World Jet Airplane Inventory*，p. 12 - 1。

③ 同上，p. 12。

④ 同上，p. 28。

⑤ 参见"大型民用飞机发展中风险分担的作用"一节中"供应商"标题下关于通用电气公司的讨论。

和德国巴伐利亚汽车公司(BMW)。截至 1992 年 12 月 31 日,罗罗公司为全球大型民用飞机机队提供了 11％的发动机[①]。

西欧飞机产品支持产业(零部件、子部件、发动机和机体制造商)已经进行精简重组,主要是为了响应空客公司的需求,同时也因为各国都在削减军费开支。在航空电子设备和系统领域,新的西欧供应商已经打破了空客公司过去对美国供应商的依赖[②]。一些国家在不同方面发展了自己的专长:例如,英国的飞机机翼和系统装配,西班牙的机身和尾翼装配,德国的飞机系统和机身装配[③]。

2.2.1.4　西欧大型民用飞机产业与军用飞机产业的关系

与波音公司相比,空客公司的三家主要合作伙伴对军事销售的依赖程度更高,但不及麦道公司。1992 年,波音公司和麦道公司的非民用销售分别占总收入的 18％和 56％[④]。1992 年,法国宇航公司航天和国防业务销售额占其总收入的 26％[⑤]。而英国宇航公司和 DASA 的非民用销售额分别占总销售额的 40％和 21％[⑥]。西欧国家的军用飞机通常只有一个国内货源,这增加了公司在与政府谈判时的议价能力。这种对军售的高度依赖和有限的国内竞争快速提升了飞机的设计和生产能力,反而使这些公司能够比没有军事项目的公司获得更快的发展能力。西欧军用飞机制造商的产品出口所占比例也高于美国制造商,其

---

① Boeing. *World Jet Airplane Inventory*,p. 22.

② 每一款空客飞机上的美国元素含量都有所下降,从 A300 的约 30％到 A330 的约 10％。Renee Martin-Nagle,corporate counsel,posthearing submission on behalf of Airbus Industrie,GIE and Airbus Industrie of North America,Inc.,,p. 2.

③ 1992 年 11 月 2—13 日,美国国际贸易委员会工作人员采访西欧大型民用飞机、发动机和航空航天协会高管。

④ 波音公司 1992 年年报和麦道公司 1992 年年报。

⑤ 法国宇航公司 1992 年年报。注:这些数字不包括法国宇航公司在航空电子设备和军品升级领域的军用产品生产。

⑥ 英国宇航公司 1992 年年报;德意志航空公司 1992 年年报。注:DASA 的数字不包括其参与军用飞机生产的情况,但包括一些民用无线电和环境监测系统的支出。

部分原因是它们的国内市场相对较小①。

2.2.1.5　西欧民用飞机产业的优势

1）空客公司产品策略

空客公司的战略强调飞机之间的设计共通性，积极使用先进技术，将这些技术应用到旧机型上②。与竞争对手相比，西欧各国政府对西欧大型民用飞机产业的财政和政治支持也是一个巨大的优势③。

空客公司将共通性作为其设计和市场营销的基石；业内人士指出，空客公司比波音公司或麦道公司更早地将通用性视为战略营销问题。然而，在追求共性时，空客公司不得不在共通性的好处与新技术的使用之间寻求平衡④。例如，空客公司在从 A300 机型发展到 A310 机型时，将驾驶舱的布局从三人设计改为两人设计，并在随后的 A300 - 600 机型上采用与 A310 完全相同的驾驶舱，这增加了飞行员适应的时间，也增加了老式 A300 机型的运营成本。

2）空客公司营销策略

空客公司必须提供与美国竞争对手不同的产品，从而使航空公司得以克服巨大阻力，因为航空公司不愿承担更换一家没有过往记录的新供应商所带来的成本⑤。因此，空客公司提供了空气动力学、材料应用和飞机系统方面的先进技术，例如使用计算机协助飞行控制和监控飞机服务。利用 NASA 的空气动力学研究成果，空客公司将机翼

---

① Office of Technology Assessment. *Competing Economies: America*, *Europe*, *and the Pacific Rim* (Washington, DC: Congress of the United States, 1991)，p. 357.

② March, p. 8.

③ 负担能力对于不同的政治或社会结构有不同的含义。没有什么比欧洲的价值判断更能证明这一点了。欧洲的决策最初为空客公司的研发提供了资金，后来又在空客公司成立的前六年为其提供了"持续的支持"，即使空客公司订单不足 30 架，仅交付 13 架。Steiner, p. 27.

④ March，p. 35.

⑤ 1992 年 11 月 2 日，法国图卢兹，空客公司高管接受美国国际贸易委员会工作人员的采访。

（目前是 A330/340 的第四代机翼）后掠角设计得更小、机翼更细长，从而将气流达到超声速的点推向更远端。空客公司在新材料的研究和应用方面相当积极（例如在垂翼和控制面等主要结构上应用复合材料），以减少重量和零件数量。空客公司还借鉴了 NASA 在这一领域的工作，并将其成果应用到比美国制造商更广泛的领域[①]。除此之外，空客公司还开创了配备两名飞行员驾驶舱的宽体双通道客机，并在应用安全导向系统上走在了前列，例如自动着陆系统（具备美国联邦航空管理局认证的 3 类着陆能力，是该类系统的最高要求类别）、自动风切变保护和数字飞行管理，尤其是电传飞控[②]和侧杆。数字飞行管理和风切变保护能有效避免飞机飞出飞行包线（超速、过度俯仰姿态、失速），使飞机更容易达到设计极限[③]。

3）政府直接支持

政府作为空客公司合作伙伴，为非经常性产品研发成本和经常性生产成本提供了贷款和资助[④]。这些低成本贷款的偿还取决于项目的收入[⑤]。对于盈亏平衡点之前的巨大风险和资金流主要是西欧各国政府承担，而不是由私有企业承担（进一步讨论见第 5 章和第 6 章）[⑥]。

---

① March，p. 35.

② 电传飞控指的是使用计算机驱动的电子伺服电机代替用于控制飞机操纵面的液压作动器。该技术可以移除部分或所有的液压飞行控制系统/管道来减轻飞机的重量，并可以创建计算机操作记录，地面支持人员可以在地面上或飞机飞行时访问该记录。电传飞控装置最先被安装在协和飞机上。*Countdown*，no. 32（Blagnac，France：Airbus Industrie Product Marketing），p. 4。

③ March，p. 35.

④ Gellman Research Associates，Inc. for the U. S. Department of Commerce. *An Economic and Financial Review of Airbus Industrie*（Jenkintown，PA：Sept. 4，1990），pp. 2 - 5.

⑤ 同上，pp. 2 - 6。

⑥ 例如，英国宇航寻求从英国政府获得 7.25 亿美元资金研发 A330/340 的通用机翼。这些资金将用于一些飞行试验和大部分工装。David A. Brown. "British Aerospace Seeks to Produce A330/340 Wing," *Aviation Week & Space Technology*，Feb. 10，1986，pp. 49 - 50，as cited by March，p. 18.

2.3　独立国家联合体[①]

本节概述独立国家联合体(以下简称"独联体")大型民用飞机产业的历史发展,回顾该产业的结构变迁,并简要评估风险共担在独联体大型民用飞机制造商和供应商发展中的作用。

2.3.1　独联体大型民用飞机产业发展历史

俄罗斯飞机的设计和发展与西方有所不同。在该地区最近的经济改革之前,苏联官方航空公司俄罗斯国际航空公司(Aeroflot)需要向苏联民航部提交一份购买新型飞机的请求,由民航部决定是否需要这种飞机。如果需要,民航部将要求苏联各设计局来执行拟议的任务。设计局通常由莫斯科的中央设计局(TsKB)和遍布全苏联的实验设计局(OKB)组成[②]。每个设计局的中央设计局会进行可行性研究并确定必要的飞机类型,同时调研所需的新技术(如结构、发动机和航空电子设备),指定各实验局应在飞机上使用的标准化组件。民航部会从各中央局提交的设计中选择一种设计,然后由中央空气流体动力学研究所(TsAGI)[③]评估机身强度和空气动力效率。一旦获得了初步批准,中央空气流体动力学研究所将和中央设计局共同研发原型机,并进行飞行和地面适航试验。这些试验结束,并获得民航部、中央空气流体动力学研究所和俄罗斯国际航空公司的批准后,中央局会将设计发送给实验

---

① 这部分信息主要来自 1992 年 11 月 16—20 日美国国际贸易委员会工作人员在莫斯科对俄罗斯设计师和测试试验室高管的采访。

② TsKB 履行了西方公司里先进设计部门的许多职能。设计局主要位于莫斯科。

③ 进一步讨论参见第 6 章。

局。实验局执行飞机的详细设计和开发工作,定义新飞机的详细参数,并制造符合中央局规格的原型机。

原型机被俄罗斯国际航空公司和中央空气流体动力学研究所接受后,设计局将授权几家制造企业开始批产这款飞机。俄罗斯的乌里扬诺夫斯克、萨马拉、喀山、萨拉托夫和沃罗涅日有为数众多的制造企业[①];此外,在乌兹别克斯坦塔什干及乌克兰的哈尔科夫和基辅也有工厂。这些工厂主要建于 20 世纪 30 年代,唯一的例外是乌里扬诺夫斯克的工厂,该工厂于 1977 年开始生产。这些工厂与任何设计局都没有法律关系;每个局都有自己的首选工厂,但会依据民航部的指示把工作分散安排在几个地点。

随着时间的推移,某些工厂与某些设计局建立了相对固定的联系,例如伊留申局与沃罗涅日工厂,图波列夫局与乌里扬诺夫斯克工厂。

苏联政府为整个研发和制造过程提供资金,并规划工厂每年需要生产的数量(通常是 10～20 架大型民用飞机),以及可预期的盈利水平。俄罗斯国际航空公司与工厂之间的合同规定:在飞机交付给俄罗斯国际航空公司时,支付飞机价值的 85%,其余 15% 在飞机投入使用后的约定时间内支付。这种类型的合同不同于西方大型民用飞机制造商提供的合同,后者通常要求以 100% 的商定价格支付。

2.3.2　独联体大型民用飞机产业的结构变化

苏联政治经济体制的变化对独联体大型民用飞机产业产生了重大影响。虽然该产业以前也从俄罗斯国际航空公司的销售中获得一定水平的收入,但设计局和工厂必须完全与西方飞机竞争这些销售份额。政府不再保证收入。设计局受到了重大影响,因为他们出售的唯一"产

---

①　这些制造企业是制造经验证的民用和军用飞机的综合体。

品"是飞机的设计和研发。相比之下，制造商直接将其生产的飞机出售给客户，而无需向设计局支付每架飞机的费用。然而，设计局和工厂都意识到了相互合作的重要性，并为之努力。

独联体大型民用飞机的主要制造商包括俄罗斯的伊留申公司、图波列夫公司和雅科夫列夫公司，以及乌克兰的安东诺夫公司。前三家制造商提供了苏联所在区域的大部分大型民用飞机，并且仍是独联体大型民用飞机的主要来源。俄罗斯大型民用飞机的其他销售区域还有伊拉克、利比亚、叙利亚和古巴。独联体所有设计局都设计和开发了军用和民用飞机。1970—1992 年，伊留申公司和图波列夫公司在 1979 和 1980 两年的交付量均达到了 90 架的峰值（见图 2.4）[1]。

2.3.2.1 制造商

伊留申设计局成立于 1933 年，到 1992 年初共生产了大约 60 000 架各型飞机[2]。目前的产品线[3]有：伊尔-78MD 货机、259 座中程客机伊尔-86、伊尔-86 的继承者伊尔-96-300（235～300 座远程飞机）、伊尔-96-300 的加长型、采用普惠发动机和美国柯林斯航空电子设备的伊尔-96M。1993 年 6 月 16 日，普惠公司宣布，荷兰飞机租赁公司 Partnairs 订购了 10 架伊尔-96M（含 5 架飞机的确定订单和 5 架飞机的意向订单），这也是该型飞机的第一份订单[4]。

伊留申设计局和沃罗涅日工厂组成了伊留申飞机协会。该协会为参与者提供了一个互动和讨论共同利益和相关问题的机会。如果参与者决定成立一家公司，该公司可能包括设计局和位于沃罗涅日和塔什

---

① 没有雅克夫列夫公司的交付数据。

② 1992 年 11 月 16—20 日，莫斯科，美国国际贸易委员会工作人员对伊尔设计局高管的采访。

③ 空客公司、波音公司和麦道公司的现有产品线见第 3 章图 3.1。

④ "The Jumboski Option," *The Economist*, June 19, 1993, p. 72.

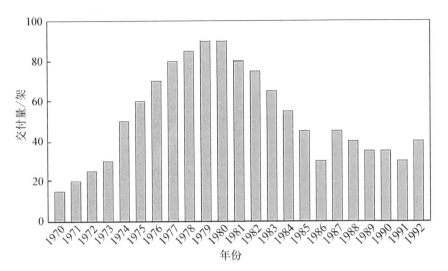

图 2.4　1970—1992 年俄罗斯大型民用飞机交付量

资料来源：美国政府估算。交付的飞机包括伊留申伊尔-62、伊尔-86、伊尔-96、图波列夫图-154 和图-204。

干的工厂，并可能包括多达 6 个其他工厂[①]。

图波列夫设计局成立于 1929 年，设计了图-154（一种中型远程飞机，154～180 座）及其后续型号 190～214 座的图-204。图-204 配备俄国（Perm/Soloviev PS-90AT）或西方（罗罗公司）发动机，是第一架使用西方发动机的非西方飞机。图波列夫公司还在研发 86～102 座的中程客机图-334，以取代图-134。

1992 年，图波列夫和乌里扬诺夫斯克的工厂成立了合资企业阿维斯特（Aviastar）[②]，作为生产、销售和支持图波列夫图-204 飞机的协调机构。然而，该合资企业的总体战略尚不明确，因为图波列夫公司还计划单独出售这款飞机，并与阿维斯特公司竞争。阿维斯特公司宣布它

[①]　1992 年 11 月 17 日，美国国际贸易委员会工作人员对伊留申设计局高管的采访。

[②]　乌克兰的安东诺夫也可能成为这个联盟的伙伴。目前，安东诺夫的民用产品仅限于货物运输，即安-124 和全球最大的飞机安-225。*Jane's*，p. 280。

已获得独联体 3 家航空公司多达 15 架图-204 飞机的启动订单[①]，预计在 1994 年年中开始交付这种飞机。阿维斯特公司和图波列夫公司都看到了潜在的西方市场，其规模将达到 250 架飞机。由于预计投入的制造成本更低，该飞机的定价将比同类的波音 757 低 30％[②]。

迄今为止，独联体飞机还没有大量销往市场经济国家，因为它们还没有按照西方标准进行认证[③]。独联体飞机的其他问题包括缺乏地面支持设备（工具和机场设施）、零件和技术援助，以及可靠性较差。图波列夫公司希望通过使用西方发动机和航空电子设备来打消全球对俄罗斯发动机的质疑，同时破除那些认为俄罗斯大型民用飞机不可靠的看法。图波列夫公司正在利用西方航空业的知识和工具，以满足西方发动机和航空电子设备的需要。伊尔-96M 也正紧随其后。

除了伊留申公司和图波列夫公司，其他三家独联体大型民用飞机制造商也宣布了研发大型民用飞机的计划。1991 年，安东诺夫公司宣布正在研发 150～180 座中程大型民用飞机（安-180）和 200～220 座宽体大型民用飞机（安-218）[④]。位于塔根罗格的别里耶夫设计局已经制造了一架用于军事用途的大型两栖飞机，并正在考虑生产这架飞机的客机和/或货机型号，它将能容纳 105 名乘客，航程为 2 160 海里[⑤]。雅克夫列夫公司发展了雅克-42，一款 120 座中短程大型民用飞机，自 1970 年中期开始生产。1990 年以来，雅克夫列夫公司已经宣布了两款

---

① Ian Verchere. "Rolls-Powered Tu-204 Jet Gets Orders from CIS," *Commercial Aviation News*, Feb. 15-21, 1993, front page.

② 图-204 和波音 757 运载相同数量的乘客，但航程更短。"Russian Tupolev Tu-204 Featured in Clearance Sale Outside of CIS," *Commercial Aviation News*, Feb. 15-21, 1993, p. 28。

③ 美国联邦航空管理局正在审查俄罗斯的适航标准、试验程序和生产方法，目的是达到适航证书的相互认可。这将使俄罗斯的飞机认证在全世界得到认可。

④ *Jane's*, pp. 286-287.

⑤ 同上，p. 196。

大型民用飞机的研究计划：雅克-42M(168 座的中短程窄体客机,即将命名为雅克-242)和雅克-46(雅克-42M 的涡扇和/或螺旋桨型号)①。在 1993 年 6 月的巴黎航展上,雅克夫列夫公司展出了一架以大座级短途航线为目标的加长型雅克-42 飞机,该飞机被命名为雅克-142,采用了美国联信公司(Allied-Signal)旗下班迪克斯/金(Bendix/King)的航电设备②。

2.3.2.2　次级部件供应商

从工业源头看,尚无法确定俄罗斯主要飞机次级部件生产商的数量。俄罗斯大型民用飞机制造商表示,除了发动机和航空电子设备,每个设计局及其相关的工厂均能生产整机所需的所有部件③。据俄罗斯大型民用飞机官员称,没有西方供应商为俄罗斯飞机生产零部件,部分生产设施在俄罗斯本土之外,主要在乌克兰(安东诺夫)④。

2.3.3　风险共担在独联体大型民用飞机发展中的作用

2.3.3.1　机体制造商

英俄航空公司(Bravia)成立于 1992 年 4 月,是图波列夫设计局、阿维斯特股份有限公司和英国投资银行罗伯特弗莱明合资的股份公司⑤,公司的目标是认证和销售图-204。罗伯特弗莱明银行成立弗莱明俄罗斯投资公司(FRIC),将协助飞机适航认证。FRIC 还将与一些世界领

①　*Jane's*, p. 259.

②　"Paris '93," *Aviation International News*, July 1, 1993, p. 22;以及 Allied-Signal Inc., news release, June 10, 1993。

③　1992 年 11 月 16—20 日,美国国际贸易委员会工作人员采访俄罗斯大型民用飞机制造商高管。

④　西方公司已经为伊尔-96M 和图-204 两家公司的最新飞机提供了发动机和航空电子设备,这些飞机的量产版本尚未交付。

⑤　负责飞机出口活动的苏联政府机构 Aviaexport 已成为英俄航空公司的合作伙伴。"Aviaexport Joins Bravia for Global Tu-204 Sales," *Aviation Week & Space Technology*, July 12, 1993, p. 34。

先的租赁公司合作，提供特定用途的租赁方案，包括爱尔兰香农的吉尼斯匹特航空公司、加利福尼亚州洛杉矶国际租赁金融公司，以及澳大利亚雷德芬的安塞特环球公司。FRIC 将从英俄航空公司购买飞机并作为出租人，根据航空公司的意愿向其提供购买飞机的选项①。

2.3.3.2 供应商

波音公司、麦道公司和空客公司都曾考虑从俄罗斯购买小型钛制品等零部件，然而，俄罗斯改革开放的时机恰逢大型民用飞机市场的全球性萧条。因此，由于美国和西欧目前的产能过剩，西方三大大型民用飞机制造商与俄罗斯生产商建立合作关系的动力很小。

---

① "Russian Tupolev Tu - 204 Featured," *Commercial Aviation News*，Feb. 15 - 21, 1993，p. 28.

第 3 章
全球大型民用飞机市场结构

本章介绍了主要地区的大型民用飞机市场和客户，评估了大型民用飞机的营销和采购流程，并研究了 1978—1993 年影响大型民用飞机需求的全球航空产业趋势。

3.1 主要地区市场和客户

1992 年，世界三大地区①（美国、欧洲和亚太地区）的客运量占全球乘客总量的近 92%，收入客公里（RPK）②占全球 91%，货运吨公里（FTK③）占全球的 90%④，机队占全球的 90%⑤。到 1992 年底⑥，全球机队大约有 9 985 架飞机，其中约 84% 由美国制造商生产。只有约 9% 是空客公司制造的⑦。购买大型民用飞机的主要包括航空公司、货运公司和租赁公司。

---

① 在本章中，除非另有说明，世界数据不包括独立国家联合体（独联体）。

② 收入客公里是衡量旅客运输量的综合指标。据《航空运输世界》，RPK 等于收入客数量乘以该航班飞行的里程。

③ 根据《航空运输世界》，FTK 是指 1 吨（2 205 磅）货物运输 1 千米。《航空运输世界》计算 FTK 的方法是，航班的飞机里程乘以该航班的载重吨数。

④ 数据来自"World Airline Report," *Air Transport World*, June 1993, pp. 70-82.

⑤ 同上。

⑥ Boeing Commercial Airplane Group. *World Jet Airplane Inventory*, *Year-End 1992*(Seattle, WA: The Boeing Co., Mar. 1993), p. 77.

⑦ 同上。

3.1.1 美国市场

美国是全球最大的单一航空运输服务和大型民用飞机市场(见表3.1)。1992年,美国航空公司搭载了全球44%的乘客[1],拥有/经营着大约4 349架喷气飞机,占全球机队的近44%[2]。1992年,按大型民用飞机机队规模计算,美国最大的三家航空公司分别是拥有676架飞机的美国航空公司(American Airlines)、拥有561架飞机的达美航空公司(Delta Air Lines)和拥有539架飞机的美国联合航空公司(United Airlines)。全美航空公司(USAir)排名第四,有487架飞机;西北航空公司(Northwest Airlines)排名第五,有372架飞机。截至1992年底,在美国主要航空公司中[3],只有7%的飞机不是由美国制造的[4]。

表3.1 1983—1992年按区域划分的全球航空市场的百分比

项目	收入客公里占比/%									
年份	1983	1984	1985	1986	1987	1988	1989	1990	1991	1992
美国	39	40	40	42	41	39	39	39	41	40
欧洲	35	35	34	34	33	34	34	34	32	32
亚太	14	15	14	15	17	17	16	17	17	19
其他	11	11	12	9	9	10	11	10	10	9
总计	100	100	100	100	100	100	100	100	100	100

---

① "World Airline Report," June 1993, p. 53.
② Boeing, pp. 62 - 64.
③ 按收入划分,大型航空公司是年收入10亿美元及以上的公司,全国性航空公司的年收入为1亿~10亿美元,支线航空公司年收入则少于1亿美元。
④ Boeing, pp. 66 - 70.

国家竞争：美国大飞机产业竞争力调查（1978—1993）

项目	货运吨公里占比/%									
年份	1983	1984	1985	1986	1987	1988	1989	1990	1991	1992
美国	24	19	27	39	32	31	31	32	32	32
欧洲	53	43	38	32	34	35	34	31	34	32
亚太	8	23	21	20	24	24	25	25	25	26
其他	15	15	14	9	10	10	10	12	9	10
总计	100	100	100	100	100	100	100	100	100	100

项目	机队规模[1]占比/%									
年份	1983	1984	1985	1986	1987	1988	1989	1990	1991	1992
美国	59	42	41	42	43	43	44	48	47	51
欧洲[2]	19	40	42	39	38	36	37	31	31	26
亚太	11	8	9	10	10	11	9	10	11	13
其他	12	9	8	9	9	10	10	11	11	10
总计	100	100	100	100	100	100	100	100	100	100

项目	乘客占比/%									
年份	1983	1984	1985	1986	1987	1988	1989	1990	1991	1992
美国	43	43	44	45	46	43	42	42	44	44
欧洲	33	32	33	32	32	33	34	34	31	31
亚太	13	14	11	14	13	14	14	15	17	17

项目	乘客占比/%									
年份	1983	1984	1985	1986	1987	1988	1989	1990	1991	1992
其他	11	10	12	9	9	10	10	9	8	8
总计	100	100	100	100	100	100	100	100	100	100

资料来源："World Airline Report," Air Transport World，1984—1993。

注：① 航空运输世界提供的历史机队数据略高于波音公司提供的机队数据。波音公司的数据不包括所有非喷气飞机。

② 1983 年的欧洲机队数据不包括俄罗斯国际航空公司。

③ 表中所有百分比数据在录入时曾进行四舍五入，故实际加权值可能不为 100%。

3.1.2 欧洲市场

欧洲市场是航空运输服务和大型民用飞机的第二大市场（见表3.1）。1992 年，欧洲航空公司运送了世界上大约 31% 的乘客①，拥有/经营着 2 408 架喷气飞机，占全球机队的 24%②。

1992 年，欧洲最大的航空公司是英国航空公司，拥有 249 架飞机；德国汉莎航空公司拥有 231 架飞机；法国航空公司拥有 143 架飞机；紧随其后的是西班牙国家航空和北欧航空，分别有 112 架和 109架。1992 年年底，26% 的欧洲机队来自美国以外的制造商，其中，15% 是空客公司的产品③，49% 是波音公司的产品，25% 是麦道公司的产品④。

---

① "World Airline Report," June 1993，p. 53.

② Boeing, pp. 66 - 70.

③ 同上。欧洲机队的其余飞机来自其他西欧制造商，其中许多制造商已不复存在。另外的两家是活跃的西欧国家制造商：阿芙罗国际航空航天公司和荷兰福克公司。

④ 同上。

3.1.3 亚太市场

亚太市场占全球客运市场的份额虽然不到20％，但增长迅速，占全球货运市场约四分之一的份额（见表3.1）。1992年，快速扩张的亚太市场的航空公司运送了全球约17％的乘客[1]，拥有/经营1 447架喷气飞机，占全球机队的近15％[2]。

1992年，按大型民用飞机机队规模计算，亚太地区最大的客运航空公司是日本航空公司，拥有109架飞机。全日空航空有限公司拥有108架；大韩航空公司拥有85架。亚太机队中超过59％的飞机由波音公司制造，大约12％由麦道公司制造，3％由美国其他制造商制造[3]。1992年底，373架（占该地区飞机总数的近26％）飞机不是由美国制造的，其中，16％是空客公司的产品[4]。

3.1.4 其他地区的市场

其他地区市场包括加拿大、中东、非洲、拉丁美洲和加勒比地区（合计市场总数见表3.1）。这些市场加起来只占全球航空服务总量（包括客运和货运）的不到10％[5]，占全球大型民用飞机机队的约17％（1 728架飞机）[6]。在1992年底，这些飞机中11％（189架）是空客公司的产品，5％由其他欧洲公司制造，84％由美国公司制造[7]。

独联体和中国是两个潜在的大型客运和货运市场，直到最近才开放商业行为。随着收入的增长，这两个市场都有巨大的开发潜力。在

---

① "World Airline Report," June 1993，p. 53.

② Boeing，pp. 74 - 75.

③ 同上。

④ 同上。

⑤ "World Airline Report," June 1993，p. 53.

⑥ Boeing，pp. 62 - 77.

⑦ 同上。

1991 年 12 月独联体解体前,俄罗斯航空公司是全球最大的航空公司。独联体市场在潜在的大型新兴市场中是独一无二的,因为它有自己的大型民用飞机供应商基地。同样具有巨大交通潜力的中国,目前正通过合资发展其航空生产能力(见第 2 章);在购买西方飞机之前,中国的大部分机队都是由俄罗斯制造的飞机组成的[①]。

3.1.5　专业市场

除了按地区划分外,大型民用飞机市场还可以按专业划分,如客运、货运和租赁市场(见本章后面关于租赁的讨论)。1992 年,世界各国航空公司拥有 933 架货运飞机,其中美国的航空公司共拥有 619 架,约占 66%[②],其中 618 架是美国制造的。1992 年年底,全球货运飞机有 61% 是由波音公司制造的,35% 是由麦道公司和其他美国公司制造的,大约 3% 是由欧洲公司制造的[③]。全球大部分货物运输是由客运航空公司提供的,这些航空公司在定期客运航班上运载大量货物,并拥有世界上大部分的货运飞机机队。在全球前 10 大货运公司中,只有 2 家是纯货运公司(见表 3.2)[④]。

表 3.2　1992 年十大货运公司

航　空　公　司	货运吨公里(FTK)
联邦快递(仅货运)	6 152
德国汉莎航空	4 400

---

① "World Airline Report," June 1992, p. 179.
② Boeing, p. 21.
③ 同上。
④ 汉莎航空公司宣布,在未来几个月内将分拆其货运业务,独立创建 20 亿美元的新公司,届时其将成为全球最大的专业航空货运公司。

（续表）

航　空　公　司	货运吨公里(FTK)
法国航空公司/Air Inter/UTA	3 972
日本航空公司	3 229
联合包裹服务(仅货运)	3 133
大韩航空公司	2 828
西北航空公司	2 705
英国航空公司	2 653
荷兰航空公司	2 407
俄罗斯航空公司	2 350

资料来源："World Airline Report," *Air Transport World*, June 1993, p. 56.

3.2 营销和购买过程

3.2.1 购买飞机的决定

航空公司购买的飞机将提高他们的经济地位，也就是说，飞机在使用寿命内应为航空公司产生正向的现金流。销售一架飞机的关键是根据相关的经济因素（如载客量、竞争、预计需求和航线结构），证明它的运营成本在现有飞机中最具竞争力，能够完成承运人指定的任务（运送乘客、货物）①。为使航空公司保持财务健康，运营飞机所产生的收入必

---

① 1992 年 12 月，美国国际贸易委员会工作人员对西欧航空公司高管的采访。

须能覆盖购机和运营成本。许多因素能够决定成本和收入。成本方面,采购成本是与现金支出有关的函数,相关变量包括融资、特殊利率、培训或其他合同规定的条款;运行成本函数的变量包括维护成本、机组成本、燃料成本、使用效率、共通性以及机队同其他机型相比的优缺点等①。收入方面,影响因素包括经济总体状况,以及航空公司利用航线申请和客货量准确预测而最大化飞机经济潜力的能力。

由于大型民用飞机制造商和航空公司面临的竞争环境日益激烈,飞机营销业务正在发生巨大变化。对于大型民用飞机制造商来说,成功的营销是基于产品差异化的。这可能涉及购买价格、融资或激励的差异②或飞机特性的可感知差异。例如,飞机可能在技术上更先进,在乘客配置方面更灵活,或者能在不同的航线上都更具经济性③。航空公司必须考虑所有这些因素,以获得最大的资本支出价值。

航空公司通常按照下列方式对所需的具体飞机类型和型号进行一系列评估④:

● 确定购机的任务,具体反映在应用场景(航线)、运营成本(座英里经济性),以及与现有机队的融合。例如,确定该飞机是对现有飞机的直接替代,还是为了满足特定需求而进行的小批量采购。

● 与各个大型民用飞机制造商进行对话,讨论运营商的总体要求,并确定最符合这些要求的产品。飞机的参数由购买者和制造商共

---

① 航空公司更愿意保持机队的通用性。机队由单一制造商的机型或衍生型组成,能在几个方面降低运营成本,包括机组、维护和部件成本等。关于通用性的讨论见第4章。

② 激励的一种方式是签署补偿协议,大型民用飞机制造商同意从客户国家的供应商那里购买零件(分包)。

③ 灵活性可能是一个重要的销售因素,特别是在经济环境不确定、乘客需求变化很大的时期。如果一架飞机能在不同类型的航线上盈利,当航线结构或乘客需求发生变化时,航空公司能更灵活地使用这些飞机。

④ 1992年12月,美国国际贸易委员会工作人员对西欧航空公司高管的采访。

同定义。飞机设计的性能数据由制造商提供，并由航空公司的工程部门进行评估。

● 航空公司发出投标邀请。标书应包括交付日期和飞机参数。随后，航空公司基于详细的经济性分析，将各种候选飞机的性能与购买者的需求进行比较，淘汰没有竞争力的主制造商。

● 基于余下的有竞争力的主制造商的建议，航空公司制定一个新的机队计划（在现有机队基础上引进新飞机），包括交付、座位和航线等元素。航空公司还将构建一个财务模型，评估以当前值折算的运营成本。

● 根据得到的数据，航空公司向其董事会提出购买飞机的建议。同时，航空公司和选定的制造商之间进行"样板"谈判（即两者间的基本谈判）。在这个时候，谈判的重点是价格、额外的技术关注点和运营经济性。航空公司同时也在评估可能选用的发动机。

制造商通常会进行成本效益分析，包括可能的有效应用场景（包括利用率）、乘客/货物需求和产生的效益、运营成本（如燃料、维护、机组成员）和资本成本等因素。在决定购买一架新飞机后，航空公司通常会比制造商更详细地进行自己的成本效益分析，通常把机队规划作为分析的重点，因为航空公司能够获得实际运营数据，其内部分析通常比制造商的分析更准确，而且可以根据具体机队部署进行定制分析[1]。一般来说，与大型民用飞机制造商有长期合作关系的航空公司通常会发现，在制造商的预测中，性能和成本的预测最可靠[2]。因此，虽然在购买飞机的决策中经济效益是最重要的，但与制造商的交往史也是一个重要考量因素。

对于航空公司来说，最困难的决定之一就是从特定制造商处购买

---

① 根据1993年2月美国国际贸易委员会关于航空公司问卷调查的反馈编制。
② 1992年12月，美国国际贸易委员会工作人员对西欧航空公司高管的采访。

新项目的第一架飞机,即成为启动客户;几乎同样困难的决定是从另一家制造商进行首次采购。考虑到制造商必须平衡多数航空公司的竞争需求,单个航空公司对全新机型的建议通常影响有限。对飞机设计的影响与潜在订单的数量成正比。然而,启动客户可能会凭借其特殊地位而施加不成比例的影响力。作为目标客户,或者作为忠实的购买者,航空公司可以提出反对意见,或者对现有设计提出改进建议。航空公司有机会参与飞机的基本定义(尺寸和性能)设计、操作特性设计(有效载荷/航程和机场兼容性)和飞机的其他详细设计。

当涉及客户需求时,航空公司拥有更大的参与度。美国航空公司表示,与空客公司或福克公司相比,波音公司和麦道公司更容易沟通[1],但只有波音公司和空客公司被认为有财力打造全新的大型民用飞机。福克公司和麦道公司由于缺乏资金只能局限于衍生型号设计[2]。

3.2.2　飞机类型和不同线路的成本效益

不同航空公司会根据其航线结构和客货需求,构建不同的机型组合来实现盈利。货机的机体结构通常与下面将讨论的客机相同,但它们的内饰不尽相同。

客机主要按航程和座位数量划分。每架飞机都有自己的性能参数,以确定其在特定航程/座级类别下的运行效率。虽然飞机可以按航程和座级分类,但没有两架飞机在这两方面完全重叠。短途飞机(1 000～3 000 英里)载客量为 100～200 人,在中心辐射式航线很受欢迎,这类航线要求有更高的飞行频率,有限的飞行距离和乘客需求。航空公司会使用较小的飞机、更高的飞行频率来赢得市场份额。随着市场份额增加,使用更大的飞机将变得更经济,因为更大的飞机座英里成

---

① 问卷反馈没有反映对英国宇航(阿芙罗)公司的观点。
② 根据 1993 年 2 月美国国际贸易委员会关于航空公司问卷调查的反馈编制。

本更低,在单个航班上可以搭载更多的乘客[①]。

中程飞机(3 500～5 500 英里)的载客量范围更大,座位数为 200～400 个。这种飞机由于其灵活的座级容量和最佳的燃料燃烧效率,可以经济的用于短途和长途飞行。

远程飞机(6 000 英里以上)同样包括多种座级选择,从近 200 座到超过 400 座。通常这些飞机用于长距离飞行,但日本航空公司购买 747 执飞短途航线,因为这些航线的乘客需求很高[②]。作为日本最大的航空公司之一,全日空航空公司已经确定,由于无法新增航线,只有引进更大的飞机,才有可能实现短期扩张[③]。

飞机也可以通过窄体或宽体来区分。宽体飞机越来越受欢迎,因为考虑到燃料消耗量,它们的有效载荷更大了。客流量的增加,加上削减或保持成本不变的愿望,使得同等燃油消耗情况下能运载更多乘客的飞机对老牌航空公司来说变得更为重要。机场拥堵也促使人们使用起飞频率更低的大型飞机,用更少的航班运送同样数量的乘客。

3.2.3 其他销售的因素

作为一个重要的销售因素,飞机的直接运营成本变得日益重要,因为航空公司很难预测变化不定的上座率。出于这个原因,飞机效率和良好的经济性(座英里成本)已成为重要的销售因素。然而,直接运营成本和收入的不可预测性使各种销售因素的相互作用和相对重要性变得复杂,如机队共通性、售后支持、技术进步和航空燃油价格(见第 4 章)。

运营成本的增加会对大型民用飞机需求产生负面和一定程度的叠

---

① 1992 年 11 月,美国国际贸易委员会工作人员对西欧航空公司高管的访谈。
② 波音 747 飞机在一趟典型的几百英里的短途日本国内飞行可以搭载 500～600 名乘客。这种高密度的国内飞机的座位宽度更窄,座位间距更短。
③ "Overseas, under pressure," Airline Business, Sept. 1992, p. 85.

加影响。例如,不断上涨的燃料价格(燃料可占运营成本的 20％～30％)往往会减弱航空公司的盈利能力,从而影响航空公司的购买意愿。除非更高的成本能被转嫁到乘客身上[1]。如果一家航空公司不得不继续运营燃油效率较低的老旧飞机,盈利能力则可能会进一步减弱。

设备成本的变化不足以影响供应商的选择。通常的措施是允许在交付前更改设备规格。离交付日期越近,更改越困难。据称,在选择制造商时,产品支援也是"给定的"。虽然不是所有的制造商都有相同的支援保障能力,但可以确定的是所有制造商都被认为至少是足够胜任产品支援工作的。获取备件通常也不是问题,只有价格和零件通用性是航空公司需要考虑的[2]。

3.2.4　合同——包括激励和融资

销售协议包含许多重要因素,任何条款只要足够有利,都可以被视为激励因素。销售协议规定了机体、发动机、航空公司指定设备(也称为买方提供的设备,如内饰)和超出了基本包外的航电设备的单独价格[3]。销售协议中包括培训和备件、飞机性能和维修保证。合同还规定了融资条款,包括按进度分期付款时间表和交付日期[4]。有一些因素会影响购买价格(并因此影响融资),比如购买的数量、启动客户(新飞机的第一个购买者)状态,市场上飞机供求的趋势也很重要[5]。

过去,航空公司在增购飞机时通常会附带未来的购买选择权(以锁

---

① 根据 1993 年 2 月美国国际贸易委员会对航空公司问卷调查的反馈编制。

② 同上。

③ Gellman Research Associates, Inc. for the U. S. Department of Commerce. *An Economic and Financial Review of Airbus Industrie* (Jenkintown, PA: Sept. 4, 1990), p. A-5.

④ 同上。

⑤ 1992 年 12 月,美国国际贸易委员会工作人员对西欧航空公司高管的采访。

定特定的价格和交付日期）。航空公司也无需像初次购买时那样对每项权利进行仔细评估。但是，目前航空业的经济不确定性，降低了航空公司行权的动机。航空公司正越来越多地通过寻求新的报价来满足更新机队的需要，而不是像过去那样行使未来的购买选择权①。

业内人士表示，近年来，许多航空公司试图通过重新安排交付时间或完全取消新飞机订单来减轻财务负担。

订单规模和航空公司的市场地位可能仍然是影响飞机制造商定价的最重要决定因素。订单规模很重要，因为批量生产构型相似的飞机可以降低制造成本，减少所需要的持续支持。承运人的市场地位和实力会影响其谈判的地位。融资的难易是一个重要的销售因素。来自制造商的融资通常只有在市场需求较低时才较易获得。波音公司和空客公司凭借雄厚的资金实力，最有能力提供融资②。根据几家大型航空公司的说法，没有一家制造商能一直提供比竞争对手更好的合同条款③。虽然大型航空公司有时可能使用制造商融资，但最常见的融资方法是长期杠杆租赁（有各种国内和国外来源）或第三方融资。

合同的一个重要部分，也是价格的组成部分，是买方激励。买方激励措施包括创新的融资手段，制造商在这些交易中作出价格让步、提供融资、接受回购和以旧换新，或与某个国家达成交易以购买该国的特定产品。从历史上看，补偿一直是一种有说服力的营销工具，尤其是在发展中国家。然而，最近签署的美国-欧洲共同体双边飞机协议已同意在未来努力避免某些补偿或反向贸易④。本报告稍后将讨论包括补偿、反向贸易或其他诱因在内的激励措施。

---

① 如今，选择权成了制造商的优势，使他们能够更准确地衡量需求，从而计算生产率。

② 根据 1993 年 2 月美国国际贸易委员会对航空公司问卷调查的反馈。

③ 同上。

④ 该协议似乎没有包括有关活动的明确定义或执行规定。详见第 5 章。

20世纪80年代,航空公司普遍因为难以找到贷款机构而转向了股权融资。一般来说,航空公司可以贷款达到购买价值的80%,因此需要使用流动资金来支付首付的20%[1]。多数大型航空公司可以根据投资评级从商业银行获得融资。然而,由于航空产业缺乏稳定性和由此导致的现金流减少,传统的飞机融资市场不再像以前那样可靠,找到新的飞机融资来源对即使是最有信誉的航空公司来说也变得愈发重要[2]。航空公司盈利能力下降导致飞机从买方融资转向卖方融资。因此,在融资成本高昂时,能够提供更好融资条件的大型民用飞机制造商往往具有更大的竞争优势[3]。

在当前的经济环境下,美国进出口银行(Eximbank)响应号召为各种融资方案提供贷款担保。进出口银行制定了一套飞机交易指南:飞机矩阵[4]。尽管这套指南比大型飞机谅解备忘录(LASU)(见第5章)中的条款更加严格,但进出口银行在提供贷款担保方面表现出了一定程度的灵活性。一些创新型银行机构利用进出口银行的担保,制定了资本市场融资方案。这些方案向借款人提供了来自投资者的低成本固定利率贷款[5]。

此外,由于部分贷方担心如果他们不得不接管飞机则将难以安置这个庞然大物,融资可能会变得更加困难[6]。航空业的财务问题已导致

[1]　1992年9月美国大型民用飞机制造商财务官与美国国际贸易委员会工作人员的访谈。

[2]　根据1993年2月美国国际贸易委员会对航空公司问卷调查的反馈。

[3]　Artemis March. *The U. S. Commercial Aircraft Industry and Its Foreign Competitors*(Cambridge, MA: MIT Commission on Industrial Productivity, 1989), pp. 68 - 69.

[4]　*U. S. Eximbank*(Editorial by Bankers Trust), *Airfinance Journal*, No. 149, Apr. 1993, p. 28.

[5]　同上。

[6]　"Tangled: A Survey of the Airline Industry," *The Economist*, June 12, 1993, p. 22.

新飞机订单和交付的推迟和取消，这反过来又影响了新飞机的价值。而当新飞机的价值下降时，贷款人只能根据调整后的价格而不是发票价格提供融资①。

一些大型航空公司的代表坚信，大型民用飞机的需求并不受融资难易程度左右。相反，融资的难易程度取决于大型民用飞机的需求②。尽管创造性的融资手段为利润微薄的航空公司提供了更多的选择，但这似乎并不影响市场的总体需求。传统的租赁也有助于提高航空公司的灵活性，并缓解各航空公司和一段时间内大型民用飞机需求的波动，但它们不太可能对总需求或净需求产生显著影响。

一些航空公司的代表认为，如果允许自由市场在航空公司的运营方面发挥作用（例如破产的承运人可以倒闭，某些时段座级的限制可以解除），对飞机的需求和对新大型民用飞机的投资将反映出预期的回报③。融资本身并不是影响大型民用飞机需求的因素，如果航空公司能产生足够的投资回报，他们通常也能很容易地获得资金。因此，新的资金来源不太可能影响大型民用飞机长期的净需求④。

3.2.5 租赁

飞机处置的确定性和时间灵活性，以及飞机在未来一定时间段内对航空公司的预期价值，是航空公司租赁和购买飞机的决定因素。此外，由于融资是交易或一揽子协议的一部分，租赁或购买的决定通常与其他财务因素的考量是分不开的。租赁的一些好处如下：① 负债可能不会出现在航空公司的资产负债表上；② 最大限度地减少了

---

① *Aircraft Value Newsletter*，Jan. 11，1993，p.1.
② 根据 1993 年 2 月美国国际贸易委员会对航空公司问卷调查的反馈。
③ 同上。
④ 同上。

巨额资本支出；③ 提高了机队灵活性；④ 降低了技术过时的风险[①]；⑤ 航空公司可调节自身风险，将更多的风险转嫁给出租人，并间接转嫁给制造商。

租赁有很多种，包括干租（只涉及飞机）、湿租（包括机组成员和其他服务）。租赁是创新融资交易的一部分。目前，最常见的租赁协议类型有融资租赁或全款租赁、经营租赁、选择租赁和"退出"租赁等。

融资租赁通常是长期的（10～12 年），并提供在租赁期满时以公平市场价格购买飞机的选择权。虽然从长期来看，这种租赁是最经济的，但由于其相对较长的租期和美国市场的波动性，在某种程度上这种形式已不再受欢迎。

经营租赁期限为 5～10 年，要求飞机在到期时交还。尽管这些飞机在交还时其账面价值和使用寿命仍相当可观，但这种租赁越来越受欢迎，因为它让航空公司在管理机队方面有了更大的灵活性，并且只需要在较短的期限内给出财务承诺。

选择租赁为航空公司提供了更大的灵活性，它一开始是经营租赁，航空公司可以自行决定转换为融资租赁。因此，航空公司可以根据其不断变化的财务状况来调整租约。

"退出"租赁通常是一份长期租约（18～24 年）。它的不同之处在于，承租人有权在租期结束前终止租约（"退出"），而无须支付与提前终止租约相关的高额费用[②]。它给承租人提供了一个能反映长期税收租

---

① March，p. 41.

② John F. Hayden，vice president. Washington DC office，posthearing submission on behalf of The Boeing Co.，p. 1. 根据空客公司的说法，提前终止权产生了大量的提前终止费用；会提高航空器退还时的状况标准；有时对方还会要求飞机分批返还，而不是单独返还。Renee Martin-Nagle，corporate counsel，posthearing submission on behalf of Airbus Industrie，GIE and Airbus Industrie of North America，Inc.，p. 2.

赁的全部经济利益的费率，同时又比短期经营租赁有更大的灵活性①。此租赁允许承租人选择在极短的通知时间（最短 30 天）内以最低的罚款终止租约②。这些租约对航空公司是有帮助的，因为在这些条款下，飞机不必记录在航空公司的资产负债表上。美国飞机制造商表示，这种租赁方式使空客公司得以进行原本可能由美国公司进行的销售，但美国的航空公司表示，禁止这种租赁行为将降低他们的灵活性，减少他们与所有飞机制造商谈判的筹码。到目前为止，涉及"退出"租赁的飞机交易仅限于价格竞争激烈的美国市场的航空公司客户③。

20 世纪 80 年代，波音公司、麦道公司和空客公司分别采用了租赁协议，以促进波音 767、MD‑80 和 A300‑600 的销售。麦道公司为美国航空（20 架）和环球航空公司（15 架）提供了 MD‑80 飞机的"退出"租赁。MD‑80 最终售出 1 100 架，其中 260 架是美国订购的。同样，1987 年空客为美国航空公司（19 架飞机）提供的"退出"租赁协议，对 A300‑600 赢得市场信誉至关重要。美国航空公司后来成为 A300‑600 的启动用户，而空客公司随后在全球收到了 200 架新飞机的订单。1987 年，波音公司向美国航空公司提供了 12 架波音 767‑300ER 的"退出"租赁条款，试图阻止空客公司完成上面提到的 A300‑600 租赁交易，但没有成功④。

作为一种销售工具，"退出"租赁最近受到了密切关注。波音公司和几家发动机制造商抱怨称，此类租赁的交易使他们处于竞争劣势。

---

① Hayden, p. 1.

② March, p. 70.

③ 事实上，空客公司认为，这种"退出式租赁"的使用仅限于美国市场，因为美国的会计准则允许公司剔除损益表中不到一年的临时负债。由于这类租赁允许一年内在提前通知的情况下取消，航空公司可以推迟将租赁成本计算在其资产负债表上。空客公司的"退出式"租约规定，终止通知期限从 30 天到 11 个月不等。

④ "Walk‑Away Leases: Brilliant or Albatross?" *Commercial Aviation Report*，May 1, 1993, pp. 10‑11.

根据波音公司的说法,这些租赁几乎没有商业意义,因为制造商承担了很大程度的租赁终止风险。出租人必须就租赁飞机承担承租人的信用风险和经营风险[1]。空客公司则表示,提前终止合同的条款对航空公司和出租人来说都是代价昂贵的,因为出租人必须在短时间内重新将飞机投入市场[2]。波音公司还表示,空客联合企业的公司结构(见第4章)掩盖了"退出"租赁的责任,对波音等公司造成损害,因为波音等公司必须将此类飞机记入其资产负债表[3]。

空客公司在1992年与达美航空公司签订的9架A310-300s合同、与美国联合航空公司签订的50架A320飞机确定订单及50架选择订单中[4]也采用了"退出"租赁的方式,空客公司声称,它从来没有主动提出"退出"租赁作为销售激励。相反,航空公司首先在销售谈判中提出了这个方案。飞机发动机制造商也提出了类似的方案以实现自己在

①　承租人通常选择在经济困难时期终止租约,因为那时可能会有多余的运力。随后,飞机很可能会以"低价"出售,或保存到需求恢复时,或以极低的折扣租赁出去。无论如何,对出租人来说,成本可能是令人望而却步的。Hayden,p.1。

②　Martin-Nagle,p.2。

③　1993年4月15日,波音公司华盛顿特区办公室副总裁约翰·F.海登在美国国际贸易委员会参加听证会。在听证会后提交的文件中,波音公司表示,出租人通常会将一架临时租赁的飞机视为资本资产(按公司成本而不是销售价格计算),就像飞机从未"售出"一样。"就税务而言,该飞机将按7年折旧;就财务会计而言,将按20年折旧。飞机上的租金收入将在收到时记账。"(Hayden,posthearing submission,p.2)对制造商来说,这种"退出"租赁的资本回报率明显低于出售飞机的回报率,这种情况被认为是不可取的。据波音公司称,如果一家飞机公司的账簿上有大量此类租约,肯定会影响该公司的信用评级和融资能力。波音公司还认为,这种不受约束的租赁不会影响空客公司,因为空客公司与波音公司依赖商业信贷的程度不同。1993年7月22日,美国国际贸易委员会工作人员对波音公司高管的电话采访。

④　达美航空公司坚持要求在收购泛美8架A310-200/300和一些波音727-200机队之前修改租赁条款,允许"退出"租赁。*Commercial Aviation Report*,May 1,1993,p.10。空客公司的官员描述他们的"退出"租赁条款如下:空客公司自己与银行或其他实体签订"头部"或主要租赁合同,由银行或其他实体向空客公司支付飞机费用。空客公司随后与该航空公司签订了转租合同。转租合同中有附带条款。理想情况下,航空公司不会行使退出的选项,并支付飞机的全额费用。然而,如果航空公司确实行使其选择权,空客公司仍需根据总租约对银行承担支付余额的责任。

飞机销售中的商业利益①。

美国航空公司最近威胁要退还 25 架 A300 给租赁商，而达美航空公司则宣布要退还 18 架 A310 给租赁商，这让大型民用飞机制造商采用"退出"租赁的负面后果变得显而易见②。为了促使美国的航空公司维持其租约，空客公司提供了名为"客户支持"的维护保证，据报道还提供了未来订单的价格保证、20 年的维护成本保证，以及额外的激励措施，所有这些构成了一笔数额巨大的补偿③。因此，尽管"退出"租赁可以为制造商带来巨大的长期利益（如后续销售），但它们也代表了大型民用飞机制造商通常不愿承担的重大财务风险。

目前，国际市场上有许多替代供应商发起④的租赁融资的办法。自20 世纪 80 年代早期以来，最流行的是日本杠杆租赁（JLL），它适用于所有具有折旧寿命的设备⑤。日本国家贸易管理局（Japan National Trade Administration）对 JLL 的指导方针为：要求日本投资者进行股权投资，投资金额至少为飞机购买价的 20%。购买价格的剩余部分（债务部分）通常由日本和/或外国银行提供。出租人作为股权提供者和债权人之间的中间人，被允许对资产成本进行 100% 的税务折旧。而部分收益将以降低租金的形式转移给承租人⑥。

尽管 JLL 在全球航空融资总额中所占份额高达 60%（1990 年），但

① "Walk-Away Leases," pp. 10 - 11。通用电气公司（9 架飞机）、国际航空发动机公司（2 架飞机）和普惠公司（5 架飞机）已经参与了各种各样的"退出"租赁交易，尽管他们表达了对这种租赁的不满。

② *Commercial Aviation Report*，May 1，1993，p. 11.

③ 同上。

④ "供应商发起"指的是大型民用飞机制造商发起。

⑤ 它特别适用于租赁期限（应折旧年限的 120%）确定为 12 年的宽体飞机（130 吨以上）。租期为 10 年的窄体飞机（15～130 吨）。

⑥ "Japanese Leveraged Lease," editorial by Sumitomo Bank，*Airfinance Journal*，（Apr. 1993，）No. 149，p. 24.

预测显示,JLL 在短期内提供的资金不会超过 20%①。在日本,飞机租赁的股本在过去的 2～3 年里越来越少,这种股本通常只有信誉最好的航空公司才能获得。造成这种下降的原因包括:日本公司利润水平降低,从而减少了对股票投资者的潜在税收优惠,以及日本股票和房地产市场的低迷状态,降低了日本银行的资金水平②。

美国与世界其他地区的航空公司租用飞机的比例是相当的③。然而,美国一些拥有几百架机队的大型航空公司,租赁比例高达 50% 以上④。业内人士指出,由于大多数美国航空公司目前相对缺乏现金,因此租赁飞机具有经济意义。

虽然租赁对航空公司而言有许多优点,但也有一些消极的方面:① 航空公司不能利用各种税收优惠和资产折旧⑤;② 航空公司无法从飞机残值获益(除非该航空公司能将购买飞机作为租赁的条件);③ 相对于直接购买而言,由于在过程中引入中间人,租赁可能会随着时间的推移而推高飞机的价格。

当然,鉴于许多航空公司可能仍然会发现难以筹集足够的资金购买新飞机或替换飞机,各种类型的租赁仍将是一个受欢迎的替代方案。

---

① "Japanese Leveraged Lease," editorial by Sumitomo Bank, *Airfinance Journal*, (Apr. 1993,) No. 149, p. 24.

② 同上。

③ 这句话指的是经营租赁。有人试图将融资租赁(通常被认为是一种简单的财务处理方式,而不是真正的回租)排除在这种计算之外。根据波音公司的数据,目前有将近 2 900 架飞机(占全球飞机总数的 28%)以某种运营租赁形式租给了世界各地的航空公司。大约 27% 的美国机队是租用的,大约 29% 的非美国机队是租用的。

④ "World Airline Report," June 1993, pp. 142－161.

⑤ 然而,出租人可以通过降低租赁费用的形式传递这些扣减的受益。事实上,如果航空公司处于亏损状态,或者有大量亏损需要结转,它将无法从这些扣减中获益,而租赁可能是更好的选择。

3.3 1978—1993年全球航空运输业趋势

3.3.1 美国航空运输业放松管制

1978年，美国国会通过了航空公司放松管制法，逐步取消了以前民用航空局（CAB）对航空公司之间航线分配的控制权和对机票票价的管理。解除管制计划于1985年12月31日完成。在该法案通过之前，有一段时期的"行政管制放松"。这一时期始于1975年，为了迎合日益激烈的竞争，一些以前受到保护的市场开放了[1]。

该法案的通过开启了一个"开放天空"的时代，在这个时代，自由竞争的市场将更有效地配置行业资源。1978年之前，联邦法规限制了在特定市场运营的航空公司的数量，并限制了航空公司可以收取的机票价格，在一定程度上保持了航空公司利润、机票价格竞争水平的稳定性[2]。这种稳定的代价是消费者支付更高的机票价格和减少航空旅行。放松管制后不久，许多航空公司意识到，某些航线的低票价可以部分或全部由增加航班的载客量（减少每趟航班的空座数）来弥补。大型航空公司开始采用一种航线策略：中心辐射式航线。这种策略在20世纪60年代被达美航空和东方航空等公司采用。在监管时代，由于民用航空局审批航线的过程冗长且昂贵，建立中心辐射式系统受到极大限制。但在放松管制的市场中，航空公司可以自由地建立自己的航线体系。

---

① John R. Meyer，Clinton V. Oster，Jr.，Ivor P. Morgan，Benjamin A. Berman，and Diana L. Strassmann. *Airline Deregulation: The Early Experience*（Boston，MA：Auburn House Publishing Co.，1981），p.44。1975年9月，民航局开放了得梅因和沿海点之间以及奥马哈和沿海点之间的直飞航线的竞争权限。1975年11月，民航局还开放了雷诺和俄勒冈州波特兰之间直飞航班的竞争权限。

② 例如，在放松管制之前，纽约-洛杉矶市场由三家航空公司提供服务；自放松管制以来，提供服务的航空公司已多达8家。

中心辐射式体系使更高的飞行频率成为可能，同时也增加了对窄体飞机的需求。该体系还允许大型航空公司将客流集中到一个中心点，从而增加飞机载客率，并在不增加点对点服务成本的情况下为更多的城市群提供服务。

从 1978 年到 1984 年初，向美国交通部报告财务数据的航空公司（不包括运营少于 60 座飞机的通勤航空公司）从 43 家增加到 87 家。新竞争对手的涌入导致了机票价格的下降，航空公司的收入下降，但反过来使得 1976—1987 年间国内年收入客英里几乎翻了一番[1]。在此期间，放松管制前的 11 家主要航空公司[2]分享了空中交通增长的红利，尽管他们的整体市场份额在 1978 年到 1985 年间从 94% 下降到 77%。

放松管制带来的竞争最终使美国航空公司的数量趋于合理化。到 1990 年，在向美国交通部报告财务数据的 148 家新公司中，只有不到三分之一仍在运营。到 1992 年 12 月，新进入者中被列为主要或全国性航空公司的仅有 7 家还在从事国内客运业务。每年进入这个行业的新竞争者的数量从 1979 年的 22 个下降到 1988 年的 3 个[3]。在航空公司数量合理化之后，主要航空公司的市场份额略高于放松管制前的水平（尽管在城市群的基础上，集中度仍然低于放松管制之前）。航空市场主要参与者的组成已经发生了重大变化[4]。

"开放天空"给市场带来的竞争增加了风险因素，航空业的主要贷

---

[1]　Transportation Research Board. *Winds of Change: Domestic Air Transport Since Deregulation*，special report 230（Washington，DC：National Research Council，1991），p. 31.

[2]　美国航空公司、达美航空公司、联合航空公司、东方航空公司、环球航空公司、西部航空公司、布拉尼夫航空公司、大陆航空公司、国家航空公司、泛美航空公司和西北航空公司。

[3]　Transportation Research Board，p. 31.

[4]　美国东部航空公司、布拉尼夫航空公司（1991 年 7 月第四次重组为大型地区性航空公司）、国家航空公司（1980 年被泛美航空公司收购）、西部航空公司和泛美航空公司被美国西部航空公司、西南航空公司和美国航空公司取代。

款人对此的反应是要么限制资金,要么提高贷款利率,要么变更新飞机的贷款协议条款①。航空公司开始延长现有飞机的使用时长②,并更多地通过租赁协议增加机队的规模,以减少直接购买新飞机带来的财务负担。

3.3.2　美国航空公司的盈利能力③

美国航空运输业在 1971—1979 年保持了持续盈利(见图 3.1)。事实上,1978 年是美国航空公司的丰收年,总利润达 14 亿美元。然而,1979 年,该行业的盈利能力显著下降至 2 亿美元以下。随后在 1980—1982 年,美国航空运输业连续 3 年亏损,总计达到 14 亿美元。航空运输业盈利能力的持续下降在很大程度上是由于 1979 年的燃油危机(以及随之而来的 1980 年航空燃油价格的跃升)、1982 年空中交通管制员大罢工、市场上竞争对手的日益增多,以及 20 世纪 80 年代初的经济衰退。

1983 年,美国航空产业反弹,利润丰厚的国际业务为其带来了3.62 亿美元的利润。该行业随后迎来了历史上最赚钱的 6 年。在此期间,年营业利润从未低于 12 亿美元,历史最高纪录是在 1988 年创下的34 亿美元。1983—1989 年期间,整个行业的利润总计 128 亿美元,7 年间的平均年利润为 18 亿美元。这种盈利能力在很大程度上是收入客英里(RPM)持续增长的结果。这种增长,可归因于国内经济的强劲,

---

① *The Competitive Status of the U. S. Civil Aviation Manufacturing Industry* (*A Study of the Influences of Technology in Determining International Industrial Competitive Advantage*) (Washington, DC: U. S. Civil Aviation Manufacturing Industry Panel, National Academy Press, 1984), pp. 37 - 42.

② 保留燃料消耗率和维修要求明显较高的老旧飞机会大大增加运营成本。

③ 本部分数据摘自 Aerospace Industries Association of America, Inc. *Aerospace Facts and Figures: 1992—1993* (Washington, DC: The Aerospace Research Center, Aerospace Industries Association of America, Inc. , 1992), p. 80。

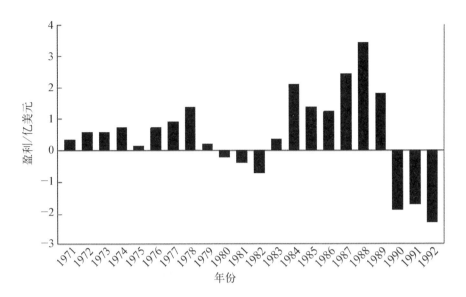

图 3.1 1971—1992 年美国航空运输业营业额/利润亏损情况

资料来源：美国联邦航空局，航空统计办公室。

以及在放松管制后竞争激烈的市场上机票价格的下降①。然而，1990年美国航空运输业遭遇了截至当时史上亏损最严重的一年，年底营运亏损总计 19 亿美元。随后在 1991 年②又亏损了 17 亿美元，1992 年继续亏损多达 23 亿美元③。这样的结果有许多原因，其中最重要的是全球经济活动急剧减少，客运量急剧下降，波斯湾战争与对恐怖主义的恐惧，燃料等营运成本大幅增加，融资成本上升。当航空客运量没有达到预期增长时，航空运输业就出现了严重的运力过剩。

国际航线受到的打击对美国和外国航空公司来说都是最严重的，

---

① Transportation Research Board，pp. 33 - 37.

② 国际民用航空组织（国际民航组织）是联合国的一个专门机构，其成员为全球大部分的航空公司。该组织报告说，1991 年的客运量数字显示自 20 世纪 40 年代有记录以来首次出现下降。

③ 1992 年 6 月，美国国际贸易委员会工作人员对联邦航空管理局航空统计办公室官员的采访。

导致许多航空公司在 1990—1992 年遭受重大损失。国际航空运输协会(IATA)的成员在 1992 年估计损失达 48 亿美元①。这些航空公司在 1990 年和 1991 年分别损失了 27 亿美元和 40 亿美元，使这三年的总损失金额达到 115 亿美元。

美国航空公司在国内市场也经历了日益激烈的竞争，成本持续上升，收入却与之前持平或下降。收入下降在很大程度上是机票大幅打折的结果，即使是在通常的飞行高峰期也是如此。美国航空业遭受的损失相比于他们的外国竞争对手更为严重（见图 3.2）②。

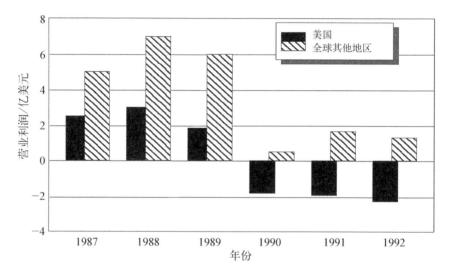

图 3.2 1987—1992 年航空公司营业利润：美国与全球其他地区比较

资料来源：国际民航组织；ATW。

---

① Ian Goold. "Aerospace Apocalypse," *Flight International*，Apr. 28 - May 4，1993，p. 26. 国际航空运输协会是一个代表世界主要航空公司的协会，旨在促进安全、定期、经济的航空运输，并为航空运输企业之间的国际合作提供平台。目前，其全球会员约有 215 家航空公司，占全球定期旅客飞行里程的 98%。唯一没有加入该协会的主要地区是中国。

② 1992 年 5 月 24 日，克林顿总统签署了一项立法，成立一个委员会以振兴美国航空运输业，并确保其强大和有竞争力。委员会将评估定价策略、放松管制、破产法、外国投资和政府噪声管制对航空运输业的影响，并将在 1993 年 8 月底之前报告其研究调查结果。

就规模而言,航空公司(包括货运和客运公司)是大型民用飞机最大的买家,但它们目前不一定是最赚钱的(见表 3.3)。许多航空公司无法获得投资新飞机所需的利润,这抑制了它们对新大型民用飞机的需求。

表 3.3　1992 年排名前十的航空公司

排名(按机队规模)	按营业收入划分	按 利 润 划 分
美国航空公司	美国航空公司	新加坡航空公司
达美航空公司	联合航空公司	英国航空公司
联合航空公司	达美航空公司	国泰航空公司
联邦快递公司	法国航空公司	北欧航空公司
全美航空公司	德国汉莎航空公司	瑞士航空公司
俄罗斯航空公司	西北航空公司	联邦快递公司
西北航空公司	联邦快递公司	大韩航空公司
大陆航空公司	英国航空公司	南非航空公司
英国航空公司	全美航空公司	荷兰航空公司
法国航空公司	大陆航空公司	西南航空公司

资料来源:"World Airline Report," *Air Transport World*, June 1993, p. 56.

当前的经济衰退影响了航空出行的需求,导致运力过剩,降低了航空公司的盈利能力,从而抑制了对大型民用飞机的需求。最新实施的破产法第 11 章加剧了这种情况。如果一家破产的航空公司倒闭,其资产被出售,它的整个机队将立即进入大型民用飞机市场,从而压低新旧飞机的价格①。那些没有倒闭但仍在破产法第 11 章下运营的航空公

———————

① 对这一事件的预期可能甚至在飞机上市前就会压低飞机的价格。

司,同样加剧了运力过剩问题,降低了航空公司的利润,从而抑制了对大型民用飞机的需求。

虽然诸多因素导致了运力过剩和盈利能力下降[①],但美国航空运输业的破产管理规则可能是亏损的主要原因之一,因为在美国破产法第11章管制下运营的航空公司占有了相当大一部分市场[②]。这些不以利润为导向的弱势航空公司所产生的不成比例的价格下行压力[③],加剧了价格竞争,并且该现象会持续足够长的一段时间,甚至进一步损害到财务状况良好的航空公司[④]。

目前,仅有2家承运人仍在美国破产法第11章管制下。也许随着受破产法第11章管制的市场份额减少,行业的其他参与者受盈利需求的驱使,将暂停激烈的价格战。如果是这样,产业利润有望增加[⑤],对飞机的需求可能会重新回暖。

3.3.3　增长中的独立租赁公司[⑥]

如前所述,1978年美国航空运输业放松管制所创造的开放环境带

---

① 一位分析师表示,无论运力过剩的直接原因是什么,运力过剩本身不太可能是目前利润不足的原因,因为在1980年,实际上上座率较低,而当时行业利润略高。"What's Wrong with the Airlines?," *Air Transport World*, May 1993, p. 59。

② 航空运输业的高度集中也可能是航空公司无法盈利的一个因素。

③ 只要承运人仍属于美国破产法第11章管制的对象,可以免于支付破产申请提交前的负债。因此,它们的成本曲线比整个行业更低,可以在边际收入实际上低于边际成本的情况下售票。破产的航空公司还必须从内部产生必要的现金流,因此总是将价格定在能产生最多现金流的水平,但不一定能覆盖总成本。Flint, p. 62。

④ 竞争压力增加本身通常并不是导致几乎所有市场参与者都严重亏损的主要原因。虽然承运商总是试图匹配竞争对手的价格(Melvin Brenner, as found in Flint, p. 59),不能覆盖成本的定价通常是不可持续的。

⑤ 许多分析师和企业预计,当经济复苏、需求超过运力时,企业利润将会上升。Julian Maldutis, Salomon Brothers, and Richard Albrecht. Boeing, as found in Flint, p. 59。

⑥ 独立是指这些公司只从事飞机租赁业务;航空公司和租赁飞机的大型民用飞机制造商不在讨论范围之内。

来了许多新进入者,加剧了行业竞争。20世纪80年代飞机租赁开始盛行,主要原因有:航空公司为了保持竞争力而降低成本、20世纪80年代早期的经济衰退,航空公司不希望在大型民用飞机采购中占用稀缺资本,以及造成新飞机实际成本的增加。1986年,美国主要航空公司大约三分之一的机队是租赁的,而1980年这一比例为五分之一。在1982年至1984年间,一半的飞机是通过租赁协议购置的[①]。

虽然目前有多种飞机租赁渠道(如JLL、保险公司和各种投资集团),但独立租赁公司一直是最受人关注、最常用的供应商之一。目前主要的独立租赁公司有:位于爱尔兰香农的吉尼斯·匹特公司(Guinness Peat Aviation Group,GPA);位于美国康涅狄格州桑佛德市的通用电气资本公司(GECC)[②];位于加利福尼亚州旧金山的GECC子公司北极星飞机租赁金融公司;位于加利福尼亚州洛杉矶的美国国际集团(American International Group)全资子公司国际租赁金融公司(International Lease Finance Corp. ,ILFC)。租赁公司最初专注于租赁二手飞机,但随着业务的增长,他们开始向波音公司、麦道公司和空客公司订购大量的新飞机。截至1993年春,GPA管理着大约419架飞机,其中,通用电气资本公司292架,北极星公司262架,国际租赁公司约194架。

尽管一些租赁公司从盈利和增长的角度来看做得很好,但GPA公司目前却在全球飞机业务的低迷中挣扎求生。造成这种情况的,可能是GPA在1989[③]年初签订的总值168亿美元、308架飞机的投机性订单。由于资本成本的急剧增加和20世纪90年代初开始的全球经济衰

① Transportation Research Board,p. 68.
② GECC是通用电气公司的一个部门。
③ "Off Course:Troubles of a Lessor of Jet Airliners Touch Many Parts of Industry," *Wall Street Journal*, Dec. 17,1992,p. A5.

退,市场需求大幅低于 GPA 预期①,进而导致 GPA 的财务状况严重恶化。

当前,GPA 似乎暂时挺过了危机②。一些业内观察人士担心,如果它突然倒闭,会导致很多额外的飞机进入市场,进一步降低飞机价值。加上市场已经面临严重的运力过剩,航空公司的资产价值将降低,可能破坏债权人和航空公司的财务状况,进一步影响新的飞机订单。但是,考虑到目前世界上许多大型航空公司的财务状况,独立租赁公司很可能将继续为民航业提供大部分飞机③。

3.3.4　航空运输业的全球化④

航空运输业的全球化进程比大型民用飞机生产的速度要慢许多,主要是由于世界各国政府对进入本国市场设置的诸多限制,以及外国公司对本国航空公司的所有权问题。大多数政府限制都体现在国家间的双边协议中。目前,美国和大多数国家现存的监管政策多数都包括运营权限制⑤,这使得外国航空公司无法将航空服务或航班扩展到另一个国家的国内市场,除非此类服务或航班是国际航班连带的,且未经

---

① 为了应对困难,1992 年,GPA 将其确定的飞机订单从 119 亿美元减少到 55 亿美元,并接受了大约 16 亿美元的新飞机交付。这一变化将对波音公司产生重大影响。1992 年年底,该公司从 GPA 获得的未完成订单约占其总储备订单的 10%(1 427 架中的 146 架)。由于 20 架宽体 A340 和 A330 机型的订单可能全部被取消,预计空客公司将受到更大的影响。麦道公司现在正试图重新安排约 20 亿美元的订单(18 架 MD-11 三发飞机和 9 架小型飞机)。

② GPA 和通用电气公司宣布了一项拟议的交易,根据该交易,通用电气公司可以选择购买 GPA 的控股权以换取注资。GPA 和通用电气公司的 Polaris 部门合并后将管理近 1 000 架大型民用飞机。"The Dangers of Overreach," *Airline Business*, June 1993, p. 7.

③ Bron Rek and J. R. Wilson. "Mixed fortunes for leasing giants," *Interavia/Aerospace World*, Jan. 1993, p. 29.

④ 全球化可定义为单个航空公司通过国际航线结构扩大其业务范围的过程,通常是通过与其他航空公司或政府签订双边协议,或通过收购其他航空公司的全部或部分股权。

⑤ 禁止非国内航空公司在该国境内两点之间载客或载货。

政府协商。大体上，这些双边协议的实施是出于民族主义利益考量而控制国内市场准入（如航空运输自由）的[①]，从而限制外国承运人提供航空运输服务的范围[②]。

欧洲共同体已经采取了措施逐步打破成员国之间以及与世界其他地区之间的壁垒。欧洲共同体放松经济管制最初发生在 1987 年，第一个空中交通服务自由化一揽子计划规定了在成员国境内大多数客运路线上航空公司之间运力共享的范围。第二个自由化一揽子计划（1990 年）限制了个别成员国否决欧洲共同体内部机票价格的权力，并对航空公司运力共享施加了额外的限制。第三套自由化方案（1992 年中期）对成员国航空公司制定票价实行了更严格的限制，为欧洲共同体内航空公司颁发许可提供了统一的标准，并进一步取消了对进入欧洲共同体内航线的限制（特别是运营权）。

欧洲共同体委员会还提议制定条例，以确定承运人的某些行为获得《罗马条约》反竞争条款的绝对豁免[③]。尽管有一些行业的反对声音[④]，欧洲共同体委员会似乎致力于将欧洲共同体市场的经济放松管制作为实现统一航空运输市场的必要条件。许多业界观察家预测，欧洲共同体航空运输市场的一体化和管制松绑将加速欧洲航空产业的合理

[①]　航空运输的五项自由是 1944 年芝加哥公约的副产品，包括：a. 飞越另一个国家的权利；b. 在一国领土进行非商业性降停的权利；c. 航班在一国领土卸下来自航空器所属国旅客；d. 航班在一国领土装上前往航空器所属国的旅客；e. 航班在一国领土装上前往或卸下来自任何其他缔约国的旅客。政府可以选择批准或拒绝这些要求，从而部分或完全限制航空公司进入其领空。

[②]　Mark Dunkerley. British Airways，remarks made at "Era of the Megas," Airline Business/SH&E Conference，Washington，DC，Nov. 6，1992，p. 3.

[③]　1957 年 3 月 25 日颁布的《罗马条约》（Treaty of Rome）建立了欧洲关税联盟，要求在所有签约国间取消所有贸易数量性限制和实施其他具有同等效力的措施。它设想了一个统一的欧洲内部市场，并成为 1958 年 1 月 1 日成立的欧洲经济共同体的创始宪章。

[④]　更多有关信息，请参阅美国国际贸易委员会，*The Effects of Greater Economic Integration Within the European Community on the United States: Fourth Followup Report*，USITC publication 2501，Apr. 1992，pp. 9 - 3 through 9 - 5.

化和合并，创造一个有利于建立全球联盟的环境。

　　与西欧和北美的自由化努力不同，东南亚的航空公司一直在采取措施阻止美国和欧洲同行进入该地区。由于担心自己的竞争优势受到侵蚀，东南亚国家联盟（ASEAN）的 6 家成员国航空公司[①]已同意签署一项合作协议，以降低成本，保护地区市场，并提高国际形象和竞争力[②]。在最初阶段，合作将采取商业协议的形式，以巩固采购、销售和营销资源及市场战略。此外，ASEAN 还成立了一个以泰国国际公司为首的小组委员会，以确保获得尽可能低的航空燃料价格。另外，为了进一步降低人工费，ASEAN 还计划在工资最低的地区建立共同维修设施。除了上述措施，南亚的 9 家航空公司提议成立南亚航空公司协会（ASAA）[③]。

　　该区域的航空公司明显趋向于合作，解除航空运输服务跨境自由流动的壁垒前景不明。事实上，东盟和 ASAA 的发展很可能会为竞争性市场力量引入该地区设置障碍[④]。

　　由于目前美国国内市场增长乏力，多数美国大型航空公司都指望通过国际航线盈利和市场扩张来增加市场份额和利润[⑤]。随着国内航空运输业的合并，航空公司得以削减成本，美国和外国航空公司试图通过三种主要方式来巩固其国际业务：收购、联合营销协议、内部增长[⑥]。当然，根据美国法律，外国企业在美国航空公司拥有的持股投票权不得

---

　　①　新加坡航空公司、泰国国际航空公司、鹰航航空公司、菲律宾航空公司、马来西亚航空公司和文莱皇家航空公司。

　　②　"Newsline（ASEAN bloc hardens），" *Airline Business*，Sept. 1992，p. 20.

　　③　同上。包括巴基斯坦国际航空公司、印度航空公司、印度国家航空公司、斯里兰卡航空公司、比曼孟加拉国航空公司、德鲁克航空公司、马尔代夫航空公司、尼泊尔皇家航空公司和贝尔高姆航空公司。

　　④　同上。

　　⑤　"Ruffled feathers，" *Airline Business*，Sept. 1992，p. 39.

　　⑥　内部增长是指公司借助自己的内部资源，通过收购或开发航线（新的或现有的）来扩大其国际业务。这种做法的主要障碍是：它的成功严重依赖于第一至五条航权。

超过 25%①。许多航空公司在发展真正的全球航空业务方面已经取得了重要进展。

1989 年,西北航空公司和荷兰皇家航空公司联盟可能是目前为止两家大型航空公司之间最完整的一次市场营销。联盟的协议条款包括荷兰皇家航空公司支付 4 亿美元,以获得西北航空母公司 Wings Holdings 20% 的股份和 10.6% 的投票权。西北航空公司和荷兰皇家航空公司已经在两条航线上建立了合资航班②,并通过共享维护设施、售票处和地面服务提高了效率。1993 年 1 月,交通运输部批准进一步整合荷兰皇家航空公司和西北航空公司的航班安排、定价、销售、联合宣传,并同意就收入共享协议展开谈判。未来,两家航空公司将全面整合定价和佣金,建立联合服务平台(两家公司对其客户共同作出的一套地面和航班服务承诺)。如果西北航空公司和荷兰皇家航空公司希望它们的机队标准化,这种服务的合并可能会影响未来大型民用飞机的采购③。

在西欧,英国航空公司(BA)已经采取了一系列措施使其业务全球化。1992 年初,英国航空公司对德国德尔塔航空公司(随后更名为德意志英国航空公司)进行少数股权投资,并提议收购全美航空公司的少数股权和欧洲跨地区航空公司 TAT(一家法国地区航空公司)49.9% 的股份,英国航空公司可以借此将其业务大幅扩展到英国以外。TAT

---

① 目前,正在众议院审议的第 926 号决议将放宽这一限制。外国投资者对美国航空业 25% 的投资限制门槛将被打破,只要满足:a. 该航空公司的主要管理人员和三分之二的董事会成员仍是美国公民;b. 美国公民仍将控制至少 51% 的公司股权;c. 交通部部长认为这项投资符合公众利益。Federal Register, Feb. 17, 1993, E344.

② 根据这一协议,基本上飞机上一半为西北航空公司的乘客,另一半为荷兰皇家航空公司的乘客。荷兰皇家航空公司运营两条连接航线(明尼阿波利斯至阿姆斯特丹和底特律至阿姆斯特丹)。

③ Frits Njio. "KLM Pushes Ahead with Global Alliances," *Interavia/Aerospace World*, Feb. 1993, p. 39.

是法国仅存的几家独立的国内航空公司之一，对它的投资将使英国航空公司进入西欧一个利润更丰厚的市场。最近，英国航空公司还成功收购了占主导地位的地区航空公司澳洲航空公司（Qantas）25％的股份，打开了通往澳大利亚市场的大门。

英国航空公司与全美航空公司的合作包括联合营销和大规模股权收购。英国航空公司和全美航空最初的提议包括英国航空公司以 7.5 亿美元的资金换取全美航空公司 21％的有表决权股权和 44％的经济权益。这一提议引发了美国三大航空公司的强烈抗议[1]。因此，在 1993 年 1 月 21 日，英国航空公司将其现金提议减少到 3 亿美元，以收购全美航空公司的优先股，约占全美航空公司 19.9％的投票权和 24％的股权。

这一比例低于美国法律规定的 25％和 49％的限制。目前，美国航空公司的外国投票权和持股比例限制分别为 25％和 49％。如果未来美国的航空公司外资持股限制被取消，新提议还允许英国航空公司分两批额外购买 4.5 亿美元的可转换优先股（相当于全美航空公司 32.4％的股权）。1993 年 3 月 15 日，美国交通部有条件地批准了英国航空公司对全美航空公司的初始投资。然而，该公司表示，除非美国国会首先修改管理美国航空公司外资所有权的法律，否则它将不会在接下来的两个阶段采取行动，即 3 年内增加 2 亿美元，以及 5 年内增加 2.5 亿美元[2]。法律的任何改变均被视为可能挑战美国主要航空公司，更何况之前已经提出除非英国政府做出同等条件的政策，否则不应给予英国的承运人任何新的权力[3]。

---

① 美国航空公司、达美航空公司和美国联合航空公司。

② Mark B. Solomon. "DOT OKs First Phase of BA Deal With USAir," *Journal of Commerce*, Mar. 16, 1993, p. 1A.

③ "USAir/BA Pact Faces New Fight," *Aviation Week & Space Technology*, Feb. 1, 1993, p. 29.

法国航空公司宣布了一系列合作协议,将与墨西哥航空公司和越南航空公司建立联系。同样地,日本航空公司拥有新西兰航空公司5%的股份,全日空航空公司拥有奥地利航空公司9%的股份。达美航空公司、新加坡航空公司和瑞士航空公司之间的协议(仅涉及少量股权交换)虽然没有实现各自服务的无缝整合,但可能代表了未来航空公司联合的一种趋势,也为跨三个主要地区的航空服务合作提供了范例。

业内人士认为,这些联系表明了世界航空公司在未来几年将采取的路线。随着全球范围内的竞争得以在不那么严格的环境下进行,可能会产生全球联盟的趋势,即许多业内人士所称的"超级运营商"。大型航空公司的发展可能会显著改变全球航空公司和大型民用飞机制造商的竞争环境。超级运营商将具有相当大的购买力,因此也会对世界主要大型民用飞机制造商产生足够的影响力。

3.3.5 欧洲航空公司私有化[①]

如今欧洲航空运输业大约有25%属于公有,21%属于私有,54%属于公私混合。只有在非洲-中东地区,政府对航空公司的控股比例高于欧洲(超过50%)。这种情况今后可能会发生明显的变化[②],因为欧洲市场在第三套自由化措施下加速开放,欧洲主要运营商将承受越来越大的竞争压力。从运营规模和运营范围来看,法国航空公司(100%由政府所有)[③]、德国汉莎航空公司(51%由政府所有)受到的影响可能将

[①] 本节所记载的大部分资料摘自一篇题为"跨国航空公司——航空公司私有化是一场正和游戏吗?"由 Simat,Helliesen & Eichner 公司副总裁 Uli Baur 撰写,并在伦敦航空商业杂志 *Airline Business* 赞助的会议(1992年6月30日至7月1日)上发表。

[②] "First Aid,Last Time"(adapted from paper delivered at the Airline Business Conference,June 30 - July 1,1992),*Airline Business*,Sept. 1992,p. 69.

[③] William Drodziak. "France to Sell Its Control of 21 Key Firms",*Washington Post*,May 27,1993,p. A-1。法国新一届政府为了振兴低迷的法国经济,在1993年秋宣布了允许私人买家购买包括法国航空公司在内的21家国有企业的计划。

最严重，因为在此之前，来自各自政府的援助在某种程度上隔离了自由市场竞争对它们的影响。此外，苏联的解体以及随之失去的对苏联东欧国家的控制，使这些国家的前国营航空公司成为私有化努力的目标。如果它们能够在私有化后获得必要的注资，其中一些航空公司可能会替换部分老旧的且主要由苏联制造的飞机组成的机队，或者扩大机队。向这些航空公司销售设备可能有助于缓解西方飞机制造商目前面临的运力过剩问题。然而，俄罗斯的制造商不会轻易放弃这些传统市场。因此，这些市场销售的竞争可能会很激烈①。

通过比较私有航空公司和公有航空公司可以发现，私有航空公司在员工生产力和效率方面具有显著优势。英国航空公司就是一个成功案例，该公司于 1987 年私有化。就盈利能力而言，英国航空公司私有化后的表现已经超过了其两大西欧竞争对手：法国航空公司和汉莎航空公司。在某种程度上，这是私有化前采取的一系列改进效率的措施（主要是裁减雇员）所产生的结果②。

全球航空运输业对西欧航空公司的私有化表示高度关注，这也表明政府资助的私有化对没有补贴的航空公司而言是一种伤害。公有航空公司的私有化可能会对美国航空企业的飞机需求产生负面影响，因为在私有化过程中，外国政府会偿还私有化公司的债务，从而巩固这些公司在市场上的地位，对美国的航空业不利。但是，预计新的私有航空实体的建立将刺激竞争，从而增加空中交通运输量③。政府对航空公司所有权的减少也将有利于完全基于市场标准的飞机采购。

---

① *Aircraft Value Newsletter*，Nov. 2，1992，p. 1.
② Doug Cameron. "The Right to Buy: Are We Witnessing the End of the National Carrier," *Airline Business*，Aug. 1992，pp. 29 - 30.
③ 根据 1993 年 2 月美国国际贸易委员会对航空公司问卷调查编制。

3.3.6　地区市场重要性的转变

1971 年，世界主要地区以重要性排序如下：美国（1 822 亿 RPK），苏联（851 亿 RPK），北大西洋（483 亿 RPK），环欧洲（270 亿 RPK），欧洲-远东（163 亿 RPK），北太平洋/中太平洋（104 亿 RPK），环远东（82 亿 RPK）（见图 3.3）。其他主要区域包括北美、中南美洲、非洲和中东

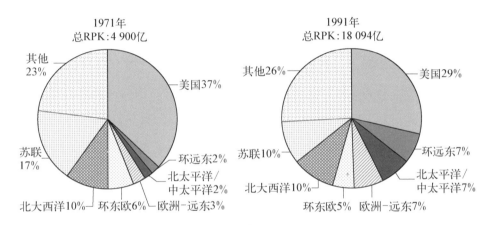

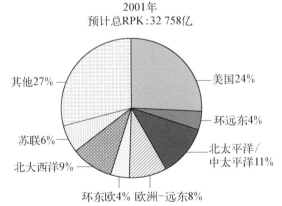

图 3.3　1971 年、1991 年和 2001 年全球空中交通占比（收入客公里）

资料来源：Victor L. Peterson，Charles A. Smith. Presentation entitled "Applied Aerodynamics Challenges and Ex-pectations"（Moffett Field，CA：NASA Ames Research Center，1992），tab CA2858.07.

的其余部分，空中交通运输量达 1 125 亿 RPK①。

1971—1981 年，全球空中交通总量平均增长了 9%，但欧洲-远东区域（15%）、北太平洋/中太平洋区域（16%）和远东内部区域（18%）的增长速度要快得多。后两个区域在 1981—1991 年期间维持了这一趋势。因此，虽然 1981—1991 年全球空中交通总量增长率平均为 5%，但北太平洋/中太平洋区域和远东区域内的交通增长率则是这一数字的两倍多，分别为 10% 和 11%。由于 1971—1991 年 21 年间空中交通快速的发展趋势，主要地区占世界交通总量的相对份额也发生了显著变化。例如，在 1991 年，美国国内航空旅行总量为 5 276 亿 RPK，占世界总量的 29%，而 1971 年这一比例为 37%。另一个主要的占比下降区域是在苏联地区，从 1971 年占世界总量的 17% 下降到 1991 年的10%。与之相对的，世界范围内的主要占比增长地区是欧洲-远东区域（在 1971—1991 年期间从占世界总量的 3% 增加到 7%）、北太平洋/中太平洋区域（2%～7%）、远东地区（2%～7%）②。

多数对未来空中交通增长的预测表明，在 1971—1991 年期间增长水平最高的区域将在今后十年继续保持这种趋势。目前，预测欧洲-远东地区的交通运输量将以每年大约 8% 的速度增长，到 2001 年，该地区的交通运输量将达到大约 2 650 亿 RPK，估计占全球总量的 8%。预计增长高于平均水平的其他两个主要地区是北太平洋/中太平洋区域（预计每年增长 11%，到 2001 年达到约 3 500 亿 RPK）和远东内部区域（预计每年增长 11%，到 2001 年略高于 3 500 亿 RPK）。目前估计，全球空中交通的年增长率约为 6%。

---

① Victor L. Peterson and Charles A. Smith. Presentation entitled "Applied Aerodynamics Challenges and Expectations" (Moffett Field，CA：NASA Ames Research Center，1992)，tab CA2858.07.

② 同上。

对于美国国内航空公司和飞机制造商来说,这些趋势意味着飞机设备和服务的全球性业务将越来越多地在美国本土以外的市场进行。业内人士认为,至关重要的是美国大型民用飞机制造商应集中精力于新兴市场,同时保持在现有市场的高水平参与度。联合生产协议有助于打开新的市场,美国的飞机制造商已经有意识地在欧洲和远东签订了联合生产协议(见第 2 章)。

3.3.7　全球政府噪声法规的趋势

飞机噪声限制是由美国国会在 1968 年提出的。作为对国会 1958 年修订的《联邦航空法》的回应,美国联邦航空管理局(FAA)被赋予巨大的权力,实施限制飞机噪声的法规。FAA《联邦航空条例》第 36 部规定了三种噪声水平,或称"阶段"①。第一阶段适用于噪声最大的飞机(主要是早期的波音 707 和 DC - 8);大部分此类飞机在 1985 年 1 月 1 日被淘汰。更严格的第二阶段噪声标准于 1969 年 12 月 1 日生效,规定了在该日期或之后设计的新飞机的要求。这些标准在 1973 年 12 月 1 日被扩展应用到所有当时正在生产的飞机上。

1990 年 11 月 5 日,《1990 年机场噪声和容量法》生效。ANCA 要求在 1999 年 12 月 31 日之前,淘汰所有在美国本土运行的超过 75 000 磅的第二阶段噪声标准飞机。FAA 随后出台的相关规定为飞机运营商提供了两种淘汰的方案②。在任何一种方案中,1999 年 12 月 31 日之前,承运人所有的机队都必须符合在 1977 年 10 月 10 日实施的第三

---

①　美国国际贸易委员会工作人员对联邦航空局官员的采访,1993 年 2 月。

②　一种方案是运营商可以在 1994 年底前逐步淘汰 25% 的第二阶段飞机,1996 年底淘汰 50%,1998 年底淘汰 75%。另一种方案是到 1994 年底,第三阶段机队的比例达到 55%,1996 年底达到 65%,到 1998 年底达到 75%。

阶段飞机噪声标准，除非获得交通运输部部长的豁免①。

到 1991 年年底，美国大型民用涡轮喷气飞机机队中大约 53％ 由符合第三阶段噪声标准的飞机组成（4 181 架飞机中有 2 224 架）。到 1992 年底，这一占比上升到大约 59％（2 516 架飞机）。到 21 世纪初，总共约有 1 756 架（41％）第二阶段标准的飞机需要改装或退役。此外，预计国内航空旅行的增长将要求美国在 21 世纪初增加大约 1 475 架飞机②。因此，美国航空业每年将增加大约 210 架更新的第三阶段飞机，以满足预计到 2000 年空中交通需求的增长。此外，为了维持现有的航空机队规模，每年还需要改装或更换 250 架飞机。

因此，对全球大型民用飞机制造商来说，美国每年有 400 多架第三阶段标准飞机的潜在市场。

据业内人士称，目前第三阶段标准飞机发动机采用的降噪技术非常先进，在不大幅降低发动机功率或效率的情况下，进一步降低发动机噪声水平的空间非常小。在第三阶段基础上的额外改进可能需要消耗 6～8 年的时间进行研究和开发，以及估计需要投入 1.2 亿～2 亿美元的资金③。与此同时，为了遵守现行的噪声条例，航空公司将需要大量的资金用于改装，这可能导致很多飞机在其原有生命周期前退役而损失经济机会成本。

---

① 虽然法律禁止在 1999 年之后运营第二阶段噪声标准的飞机，但允许运营商通过更换发动机或使用"消音套件"的方式将第二阶段的飞机升级到第三阶段。每架飞机消音套件的费用从 100 万美元到 300 万美元不等，并可能对飞机的有效载荷产生负面影响。

② U. S. Department of Transportation. FAA Aviation Forecasts (fiscal years 1993—2004)，FAA - APO 93 - 1，Feb. 1993，pp. Ⅲ- 40 and Ⅲ- 41.

③ Bill Sweetman. "The Probable Pinch of Future Limits," *Air Transport World*，Feb. 1993，p. 56.

第 4 章
全球大型民用飞机
产业竞争力的
决定性因素

4.1　引言

本章讨论的竞争力因素或决定因素可以分为公司内部因素和外部因素。公司内部因素在某种程度上是由大型民用飞机制造商控制的，例如公司战略和私有部门资助的研究和发展。外部因素是指那些不受飞机制造商直接影响的因素，如市场和宏观经济因素、政府政策因素等。市场和宏观经济因素具体包括汇率、燃料价格和可利用的资本，而政府政策因素包括直接和间接的政府支持及监管政策。本章围绕决定全球大型民用飞机行业竞争力的内部和外部因素进行讨论。政府政策因素将在第5章进行更详细的讨论，而对于研发，无论是私有部门还是政府资助，将在第6章中进行更详细的阐述。

4.2　公司内部因素

4.2.1　公司结构

在全球大型民用飞机产业中，公司结构对竞争力有显著影响。例如，公司结构决定了一个公司是否必须为利润纳税或报告财务结果，它影响内部决策过程。

空客公司是根据法国法律成立的一个经济利益集团（groupement d'intérêt économique，GIE）[1]。法国法律承认GIE是一种合资企业，它具有独立于其成员的法律身份，并且没有固定资本贡献的要求。与美国的合伙企业一样，GIE不需要报告财务业绩。它也无需为其利润纳税，除非它愿意这样做[2]。GIE的成员对GIE的债务和义务承担连带和单独的责任，但不受限制。但是，这些债务和义务应按成员各自的权利比例分摊[3]。

空客公司成员不需要分享它们的成本信息。因此，无论是成员公司还是空客公司都不知道制造空客飞机的实际成本（财务总监除外，他可以查看成员公司的账簿）[4]。这种缺乏透明度的机制减弱了空客公司的合作伙伴对空客公司的监督和控制。

一家法国GIE公司可以汇集包括金融资源在内的各种资源，而这些资源可能是个别美国公司无法比拟的。此外，GIE公司汇集资源的方法不影响其成员的自主权[5]。以空客公司为例，这种结构可能使其相对于美国大型民用飞机制造商的公司结构具有一定的优势。空客公司

① 这种组织是根据1967年9月23日第67-821号法令在法国创建的，1968年2月2日第68-109号法令。

② Gellman Research Associates，Inc. for U. S. Department of Commerce. *An Economic and Financial Review of Airbus industry*（Jenkintown，PA：september 4，1990），pp. 1-2；以及George Eberstadt. "Government Support of the Large Commercial Aircraft Industries of Japan，Europe，and the United States，" contractor document for Office of Technology Assessment，*Competing Economies: America，Europe，and the Pacific Rim*（Washington，DC：Congress of the United States，1991），p. 236。

③ "Responses of Airbus Industrie，GIE to Questions Regarding the ITC's Study on Global Competitiveness of the U. S. Aircraft Industry，" tab J. 1；and Gellman，pp. 1-2.

④ Transcript of hearing，pp. 182-183，191，222；以及Mary Anne Rose. *Airbus Industrie: High Technology Industrial Cooperation in the EC-Structure，Issues，and Implications with a View Towards Eurofar*，paper for conference on The European Community in the 1990s，Emerging Concepts and Priorities，George Mason University，May 24-25，1989（San Jose，CA：San Jose State University Foundation for NASA Ames Research Center，May 1989），p. 11。

⑤ 同上。

表示，GIE 模式提供了以下好处：在"完全伙伴关系"的基础上实现合作①；融合参与者的技术优势；容易接纳新会员；使合作伙伴能够自由选择参与的计划②；避免锁定大笔资金；避免直接与客户打交道③。空客公司的 GIE 结构还使实体能够在其成员公司中分摊与高成本研发、制造和营销新大型民用飞机相关的风险，包括损失。

作为企业，美国制造商在为运营筹集资金方面受到限制，它们有义务根据股东的要求做出商业决定，而这些决定往往着眼于短期业绩。它们也是应税实体，并可能受制于美国证券交易委员会制定的标准。空客公司不像美国公司那样受到这些类型的限制④。

然而，根据空客公司的说法，GIE 的结构有一个缺点："决策过程比完全整合的公司更复杂，有时甚至更慢。⑤"当客户寻求产品支持时也会出现问题，即空客公司必须将客户转交给负对应责任的联盟成员，这导致了运营支持延误和缺乏凝聚力。欧洲共同体委员会已经注意到，尽管空客公司声称这样做有种种好处，但它很难与高度一体化的对手竞争⑥。

关于空客公司的决策结构还有一些其他担忧。个别飞机项目的分工可能与成员的所有权占比不一致，因为成员在空中客车项目中的工

---

① 据称，空客公司成员有分享全部技术能力的动机，这与承包商和分包商之间的独立关系形成了鲜明对比。"Responses of Airbus Industrie"，tab J. 2。

② 根据空客内部投标/承包规则，将工作分配给成员公司，据称在其成员之间造成了"激烈的竞争压力"。同上。

③ 1992 年 11 月 2 日至 3 日，法国图卢兹，美国国际贸易委员会工作人员对空中客车工业公司高管的采访；以及 Artemis March, *The U. S. Commercial Aircraft Industry and its Foreign Competitors* (Cambridge, MA：MIT Commission on Industrial Productivity, 1989), p. 62。

④ 有关美国公司的基本组成、运作和报告要求的讨论，参见 W. A. Klein and J. C. Coffee. *Business Organization and Finance: Legal and Economic Principles*, pp. 140 - 155, 183 - 187。

⑤ "Responses of Airbus Industrie"，tab J. 2.

⑥ Commission of the European Communities. *A Competitive European Aeronautical Industry* (*Communication from the Commission*) (Brussels：Commission of the European Communities，SEC (90) 1456 final, July 23, 1990), p. 9.

作份额在很大程度上受其愿投资于该项目的资本的影响①。此外,理论上,并非代表空客公司的最佳利益的决策,而是代表某个成员公司的最佳利益的决策可能进入空客公司的决策过程。空客公司指出,每个空客公司合作伙伴都扮演着双重角色——业主和分包商。这种双重角色包含着一种内在的张力,可能使合作伙伴难以确定自己的"最佳"利益,更不用说空客公司作为一个整体的利益了。据推测,美国制造商董事会的决定基于公司整体的最佳利益;理论上,这对美国大型民用飞机制造商来说是一个优势。此外,德国政府的一位消息人士承认,空客公司的劳动分工决策是在"政治层面"做出的,这意味着一项任务可能并不总会被分配给能够最有效或最经济地执行任务的联盟成员②。

4.2.2　公司战略

企业战略是发展市场份额和盈利能力的关键组成部分。所有大型民用飞机制造商都有相同的总体目标,即以最优价格提供具有成本效益和技术先进的飞机,这些飞机不仅直接运营成本③要具有竞争力,产品系列具有共通性④,而且还要拥有全球客户支持体系。如第3章所述,运营飞机所产生的收入一定要大于购置和运营成本。尽管波音公司和空客公司都认为提供系列飞机的战略是一个重要的竞争优势,但麦克唐纳道格拉斯认为如果只参与150座和300座的细分市场,他们

---

①　1992年11月2日至3日,法国图卢兹,美国国际贸易委员会工作人员对空中客车工业公司高管的采访;以及Gellman, pp. 1 – 5。

②　West German Monopolies Commission Report（providing the report and vote concerning the Daimler-Benz takeover of MBB）, pp. 148 – 157, 298;以及Eberstadt, pp. 238 – 239。

③　直接运营成本包括燃油、客舱机组人员、驾驶舱机组人员、折旧、利息、维修和保险成本等。

④　共通性是指飞机之间有共同的部件/系统。在制造商的产品线中常见的飞机部件/系统有:机身部分、驾驶舱、发动机、航空电子设备和系统。共通性有利于制造商节省研发成本,提高生产效率,也有利于航空公司的维护,减少机组人员培训时长。

可以有效竞争[①]。

除了总体战略之外，大型民用飞机公司还有更多短期的、具体的战略：例如，根据预测的市场需求，增加某一类型飞机的生产和营销。尽管制造商在其拥有飞机的细分市场仍可能具有竞争力，但如果没有全面的产品系列，就很难针对不同机型的需求变化做出反应。制造商的竞争地位限制或增强了他们实施总体战略和具体战略的能力。

4.2.2.1　全面产品系列的重要性

提供尽可能全面的产品系列可以带来诸如共通性、规模经济和学习曲线效应等好处（这些因素将在本章后续章节讨论）。一个具有广泛产品系列的大型民用飞机制造商能够对市场需求的变化做出反应。鉴于市场青睐的机型具有周期性，这对于保持优势竞争地位至关重要。波音公司在 5 个大型民用飞机产品细分市场具有竞争能力[②]，而空客公司在 4 个细分市场具有竞争能力，麦道公司只有 2 个。麦道公司的高管估计，其产品系列仅能满足民用运输市场 44％的需求[③]。

4.2.2.2　启动新项目

由于大型民用飞机产业投资具有规模大且不可逆的特点，人们常说，制造商在投资一个新项目时，是以公司的前途为赌注的。要想成功推出一款新机型，制造商必须确定一个需求不断增长的领域，而其自身及其竞争对手的机型并没有很好地满足该领域的需求。此外，由于新款大型民用飞机产品的潜在市场相对较小，率先满足这一市场需求的公司通常会获得更大的成功。因此，有效的"先发优势"将影响大型民

---

① 麦道公司总裁罗伯特·赫德在听证会后代表公司提交的证词，第 3 页。

② 这些细分市场大致可以分为 100～150 座、150～180 座、180～250 座、250～350 座和 350～500 座。

③ Loren B. Thompson. *McDonnell Douglas Corporation（Ⅰ）：Commercial Aircraft Operations are in Decline*；*MD Will Exit Business in the 1990s*（Washington，DC：National Security Studies Program，Georgetown University，Oct. 23，1992），p. 7.

用飞机企业的竞争力①。在这个阶段强势的定价可以进一步提高公司的竞争地位。

近年来,空客公司在识别市场机会方面特别成功:它以 A320 瞄准 150 座市场机会,以 A330/340 瞄准波音 747 以下座级的市场。以 A320 为例来看制造商如何利用其他因素削弱竞争对手的先发优势,如更新技术和满足航空公司的特定需求:虽然空客公司在 1988 年才推出 A320,但该机型为 150 座窄体飞机;无论是麦道 MD‑80 还是波音 737‑300 都不能完全满足该特定座级市场。此外,A320 使用了更新的技术和更省油的发动机。因此,尽管空客公司进入这一特定市场的时间较晚,但 A320 的销量令人印象深刻。麦道公司希望通过 500 座级以上的 MD‑12 取得先发优势,而该座级将是目前生产的大型民用飞机中最大的②。

虽然新项目的设计阶段可能很长,但一旦决定研发新机型,产品必须迅速"推向市场"。有效地管理设计阶段和从设计到生产转阶段的能力对企业的竞争力有重大的影响③。

4.2.2.3　风险共担和其他伙伴关系

由于飞机制造存在巨大的内在风险,大型民用飞机制造商越来越

---

① 例如,1978 年美国航空运输业的放松管制导致了航线结构的巨大变化。这进而改变了航空公司需要购买的飞机类型。为适应更频繁、更短飞行的新的中心辐射式航线,窄体飞机的需求增加。当波音公司和麦道公司准备用 B737‑300 和 MD‑80 系列产品来满足这一市场需求时(分别在 1984 年和 1980 年首次交付),空客公司直到 1988 年才在市场上首次交付其 A320 窄体飞机。从 1984 年第一架 A320 的订单记录到 1992 年,空客公司收获了 656 架 A320 的订单,相比之下,MD‑80 的订单为 929 架,737 的订单为 1 861架。由于共通性和其他相关原因,尽管空客 A320 采用了更新的技术,但波音公司和麦道公司的窄体飞机在该座级市场需求激增之前的地位使它们占据了先发优势。

② MD‑12 的生产已经推迟。与此同时,波音公司已经开始与空客公司合作伙伴讨论研发一种超高容量飞机,这种飞机将拥有比 MD‑12 更大的座级。

③ David C. Mowery. *Alliance Politics and Economics: Multinational Joint Ventures in Commercial Aircraft* (Cambridge, MA: American Enterprise Institute, Bollinger Publishing Co. , 1987), pp. 32‑33.

多地开始寻求风险共担合作伙伴。这些承担了飞机研发和生产部分风险的合作伙伴，通常是大型民用飞机制造商的供应商，或者自身也是制造商。空客公司便是由一个风险共担的合作伙伴联盟组成的。此外，其合作伙伴成员还建立了与各自分包商的风险共担合作关系。波音公司就与日本和意大利公司以及部分美国分包商建立了风险共担伙伴关系。麦道公司与中国企业也有类似的合作关系（见第 2 章）[①]。

跨国生产项目合作伙伴的选择可以填补生产线上的空白，也有助于保持或实现关键技术的领先地位[②]。外国供应商通常拥有较低的资金成本和较长期的战略，有时还有政府支持，而且它们比美国公司更有可能成为风险共担的合作伙伴[③]。

在分包领域中，风险共担的一个重要好处是制造商有能力分摊一部分生产成本。业内人士报告称，常规分包商会提前投入研发成本，并在交付产品时获得收入。风险共担的分包商按照双方商定的飞机数量，按比例分配其在工具和测试设备等方面的投资，并分担不能实现销售目标的风险。如果超过了销售目标，承担风险的分包商将收回成本并获得额外的利润。如果没有达到销售目标，风险共担的分包商必须承担一部分研发成本损失[④]。

4.2.3　行业存续时间

4.2.3.1　设立成本

新进入者必须能够投入数十亿美元来启动研发一个新项目，而距

---

① Gellman，p. A - 10.

② March，p. 44.

③ 贸易发展代理部长约翰逊·C. 梅内斯（Jonathan C. Menes）代表美国商务部听证会的证词，第 11 页。

④ 1993 年 4 月 15 日，波音公司副总裁约翰·F. 海登（John F. Hayden）在美国国际贸易委员会的证词。

离飞机的初始销售仍需要几年时间。例如,波音 747 项目的研发成本估计为 12 亿美元——超过波音公司当时总资本的三倍①。一旦做出这项巨大的财政承诺,这些资金就可以被认定为"沉没成本",因为它们无法通过出售相关资产被轻松收回或全部收回②。老牌或现有的制造商通常可以从以往项目的成功中获取资金,用于投资新项目。此外,在行业拥有历史的老牌制造商可能有更好的信用评级,并能更容易地获得商业资本③。

4.2.3.2 学习曲线④效应和规模经济

在本行业长期深耕可以为大型民用飞机制造商提供重要的成本优势。通过长时间的生产运营,飞机制造商不仅可以将高昂的项目启动成本分摊到更多的飞机上,从而提升成本效率,并且可以提供一个学习曲线效应,使单机生产成本随着产量的增加而下降⑤。有关评估表明,产量增加一倍可使单机成本降低多达 20%⑥。企业必须有效利用生产设施,因为规模经济只能通过投资扩大生产能力来实现。随着生产工人组装飞机效率的提高,生产的边际成本将下降⑦。

成本效率也通过衍生机型的生产实现,这使得固定的研发成本得

---

① 波音 747 项目于 1966 年宣布。Office of Technology Assessment. *Competing Economies: America, Europe, and the Pacific Rim* (Washington, DC: Congress of the United States, 1991), pp. 15 - 16, as found in Laura D. Tyson and Pei-Hsiung Chin, "Industrial Policy and Trade Management in the Commercial Aircraft Industry," ch. in. *Who's Bashing Whom? Trade Conflict in High-Technology Industries* (Washington, DC: Institute for International Economics, 1992), p. 167。

② Gellman, pp. 1 - 11.

③ 筹集资金的能力将在本章后面讨论。

④ 学习曲线的概念是在航空航天产业中提出的。Richard Ridge. International Trade Issues, posthearing submission on behalf of General Electric Aerospace and Aircraft Engines, p. 3.

⑤ Gellman, pp. 1 - 11.

⑥ Mowery, p. 35.

⑦ Gellman, p. A - 8.

以进一步分摊。通过在新机型项目中使用旧机型的部件、系统和生产设施，新项目的研发成本可以降低。此外，制造商在开发早期机型方面积累的经验使它们在研发和制造新机型方面效率更高。

总而言之，在通常市场环境下，新进入者的产品不太可能像现有的产品一样具有价格竞争力，因为现有的产品价格通常反映了学习曲线和规模经济的效益。一些行业观察人士曾指出，在目前的成熟阶段，该行业的本质实际上决定了企业不可能通过纯粹的商业手段获得成功[1]。

行业观察人士指出，西欧航空业尚未达到美国航空业目前所享有的长期生产运营和广泛的规模经济效益，这主要是因为空客公司自1970年以来才开始生产大型民用飞机。然而，一些美国行业官员担心，由于外国制造的大型民用飞机竞争加剧，美国公司可能无法继续保持同样的规模经济优势。

4.2.3.3　大型民用飞机制造商与供应商和客户的关系

老牌制造商的另一个优势是它们与供应商和客户建立了良好的关系。在大型民用飞机制造商与其供应商的关系方面，规模经济可以通过"管理经济"实现[2]，这一说法源于同时管理多个分包商关系导致的成本降低。换句话说，由于大型民用飞机项目涉及多个分包商，平均单位管理成本会随着产量的增加而降低。

老牌制造商的优势也体现在他们与航空公司客户的关系方面。随着市场份额的增加，制造商为航空公司客户提供售后支持的平均成本显著下降[3]。此外，建立一个令客户满意和有竞争力的售后支持网络的前期成本是巨大的[4]。因此，在现场支持方面，令人满意的制造商-航空

---

[1]　Tyson and Chin，p. 157.

[2]　Gellman，p. A‑8.

[3]　同上。

[4]　仅零部件设施的建设就需要数亿美元。售后支持的其他部件也必须考虑在内，如将部件运往世界各地的成本。

公司关系不会轻易被新进入者所取代。

此外,航空公司高官表示,他们的决定很大程度上受到他们对制造商长期生存能力评估的影响。

大型民用飞机制造商在未来市场的生存被质疑,那么会导致航空公司担心诸如产品支持和共通性等问题。此外,航空公司认为与制造商的历史关联具有经济价值。例如,航空公司认为,与特定制造商的长期关系,使该制造商的飞机性能描述更具可信度。此外,早先建立的合作关系有助于航空公司熟悉制造商的合同流程及其员工[1]。

4.2.4　共通性

4.2.4.1　对航空公司的益处[2]

影响大型民用飞机产业竞争的最重要因素之一是共通性。共通性是指航空公司希望拥有单一制造商尽可能同种类的机队。空客公司报告称,A330、A340 和 A320 因共通性每年可节省 80 万美元,而机队每增加一架飞机可省 100 万美元[3]。据估计,在其他条件都相同的情况下,要使航空公司放弃共通性,新制造商的飞机价格必须比竞争对手的同类飞机价格低 10%[4]。

共通性为航空公司提供了几个主要的经济优势。首先是节省了机组人员的培训。在特定制造商的飞机产品系列中,一架新飞机与飞行

---

① 1992 年 12 月,美国国际贸易委员会工作人员采访西欧航空公司高管时所述。

② 一名大型民用飞机产业高管指出,随着航线结构的演变,共通性的重要性逐渐降低。这位高管表示,航空公司可以购买 10~15 架某款飞机,虽然打破了共通性,但也可以"有效运转"。

③ 成本降低的程度受机队组合、机队规模和其他航空公司参数的影响。

④ Gellman, p. 4.

员已经获得飞行资格的飞机越是相似，所需的额外培训就越少[①]。

通过更快的地面周转时间和更有效的飞机使用方式，机组人员的生产效率也得到了提高。机队共通性的另一个经济优势是备件库存（包括集中库存和现场库存）。由于对独特零件和维修设备的需求降至最低，零件库存成本随着通用飞机数量的增加而降低。共通性的其他优点还体现在维修人员培训、调度管理费用和乘务员培训方面。行业观察人士指出，机队的共通性有助于建立一种有效的飞机操作和维护制度，并提高维护劳动生产率[②]。

4.2.4.2 对制造商的益处

由于共通性的需求，市场份额最大的制造商往往会主导订单。从这个意义上说，共通性因素往往会阻碍新制造商的进入。例如，俄罗斯大型民用飞机制造商表示，为了在西方市场销售产品，它们必须使用西方发动机和航空电子设备，这不仅是出于质量考虑，也是出于共通性的要求[③]。

研发成本效益是制造商从其产品线的共通性策略中获得的主要利益。通过在不同的飞机上使用相同的功能和部件，制造商能将研发成

---

① 空客公司高管声称，如果接受 A320 和 A321 两款机型中任何一款机型的培训，则飞行员可在接受很少甚至没有培训的情况下驾驶另一种机型。对于 A300 - 600 和 A310 及 A330 和 A340，也是如此。此外，美国联邦航空局已经批准了 A320 和 A340 的交叉机组驾驶资格，A320 飞行员只需参加 10 天的"差异"培训课程即可驾驶 A340。道格拉斯公司的高管称，驾驶 MD - 80 系列飞机的飞行员几乎不需要额外的培训。波音公司高管称，飞行员如果接受过波音 737 机型培训，则可以驾驶任何波音 737 衍生机型，如果接受过波音 757 培训，则可以驾驶波音 767，反之亦然；只需要很少培训，甚至不需要额外培训。

② 有许多例子表明航空公司从机队共通性中获益。英国航空公司估计，选择波音 767 而不是 A310 为其节省了约 1 亿美元，因为其机队中已有 37 架波音 757。此外，预计在飞行员培训、飞行培训、发动机备件、地面训练和设备以及测试设备方面会节省大量资金。另一个例子是美国航空公司，它选择 MD - 80 也是出于同样的原因，将较小的飞机投入更适合其运营的航线。March，p.28。

③ 1992 年 11 月 17 日，莫斯科，伊留申飞机协会官员接受美国国际贸易委员会工作人员采访时所述。

本分摊到更多的产品上。

此外,开发具有共同特征的衍生产品的成本明显低于研发一架全新飞机的成本。例如,一项估计表明,拉长机身的增量成本很少超过初始研发成本的 25%[①]。相同的零件和制造要求也使得同一生产线可以有效地组装不同的飞机,并通过使用相同的生产技术提高生产率。

因此,制造商更有动力不仅在同一型号系列内部,而且在整个产品线中都遵循共通性。这也为航空公司提供了从同一制造商的其他系列产品中选择产品的动力。换句话说,这鼓励的不仅仅是产品型号的共通性,而且也是整个飞机机队的共通性。空客公司的设计、制造和营销策略都基于其飞机系列的共通性,在其新机型中使用了经过验证的最高技术水平[②]。除 A320 和 A321 外,所有空客公司的飞机都采用相同的横截面。A320、A321、A330 和 A340 都有相似的操纵特性、几乎相同的驾驶舱和类似的操作系统;A330 和 A340 的机翼相同。业内观察人士指出,波音公司营销其现有机队时越来越注重提及共通性,并将共通性纳入未来的设计计划。波音 737 - 300、波音 737 - 400 和波音 737 - 500 具有相同的横截面、驾驶舱、发动机、系统和许多其他部件;波音 757 和波音 767 的驾驶舱也完全一样。行业观察人士注意到,尽管麦道公司在其两种基础机型的许多衍生机型上使用了相同的横截面,但其产品系列的多样性并不能吸引那些想要尽可能具有共通性机队的航空公司。同时,麦道公司大量使用衍生型而没有采用一种全新

---

① Mowery, p. 33。通过改变飞机的长度从而改变其载客量是飞机设计时的一个重要考量。拉长机身长度要比改变机翼设计经济得多。飞机机翼的设计决定了它的极限升力和速度;因此,制造商在设计机翼时最好考虑当前和未来飞机项目的升力需求。

② 1992 年 11 月 2 日至 3 日,法国图卢兹,空客公司高管接受美国国际贸易委员会工作人员的采访时表示,当技术得到验证时,制造商就可以确信新技术(或改进的技术)将能实现预期效果,并可应用于特定的产品中。一项新技术的成功验证可以在应用该技术之前将对最终用户的技术风险降到最低。技术验证主要由制造商实施。

的设计，这使得该公司的生产线看起来已经过时了[1]。

共通性也有其缺点。因为整个系列的飞机采用的都是过时的技术，制造商必须不断评估并在保持一定水平的共通性和引进新技术之间做出经济权衡。作为大型民用飞机产业的最新进入者，空客公司的共通性战略是基于采用比波音公司和麦道公司更先进的技术。由于这些技术更新、更先进，它们可能为空客公司提供市场优势。然而，随着其他制造商开发并更新自己的技术，空客公司可能也会面临与波音公司和麦道公司一样的在提供共通性和替换老旧技术之间抉择的两难境地。

4.2.5　产品创新与技术进步[2]

新技术是一个卖点，但只有当它能显著降低运营成本时才会成为购买决策的关键决定因素[3]。产品特性的变化是由市场、竞争和有关安全和环境标准的公共指令所驱动的。产品特性的改进通常可分为以下几类：① 降低航空公司的运营成本（如燃油、重量和维护成本）；② 改善环境性能（如噪声、排放、材料和制造工艺）；③ 提高乘客满意度（如乘坐舒适度、内饰环境、上下飞机的便利程度以及舱内噪声水平）[4]。

业内人士普遍认为，影响大型民用飞机制造商竞争力的决定性因素之一是飞机的直接运营成本。特别是在放松航空管制之后，美国的航空公司不太愿意引进那些不能显著降低座位英里运营成本的新飞机。此外，燃油价格从 20 世纪 80 年代初的高水平回落，使得航空公司

---

① Thompson，p. 9.

② 质量（主要是指结构强度和乘客安全）并不是全球大型民用飞机产业竞争力的重要决定因素，因为该行业受到高度监管。所有制造商都必须提供高质量的产品。

③ 例如，高涵道比涡轮风扇发动机的引入。

④ 1992 年 11 月 2—3 日，法国图卢兹，空客公司高管接受美国国际贸易委员会工作人员的采访时所述。

更难大幅降低直接运营成本。最近对购买成本的关注、产品寿命的延长、飞机价格的上涨、采购决策的推迟、二手飞机的存在、贬值飞机的持续服役及启动客户的资金减少，这些因素都降低了对并未显著提高运营效率[①]类技术创新的需求。

在设计一架新飞机时，大型民用飞机制造商必须在采用新技术增加客户采购成本与航空公司将实现的成本节约之间进行权衡。换句话说，制造商在评估是否开发和应用新技术时，应以立竿见影的成本效益作为指导。此外，如果一项新技术具有广泛的市场吸引力，最先将该技术投入市场的制造商就有可能获得"垄断利润"[②]。例如，A320 是空客公司迄今最畅销的机型，不仅因为它填补了一个小市场的空白（150 座的两舱双发飞机），还因为它应用了电传操纵、侧杆控制器和数字飞行管理等创新技术。由于 A320 系统的成功，A330 和 A340 也都应用了相同的系统。所以空客公司现在可以推销其经过验证的技术，而非全新的、具有潜在风险的技术。应用了该技术的飞机停场时间短，飞行偏离小。此外，在多个飞机项目中使用经过验证的新技术也带来了共通性的好处。

制造商也可以通过推出新产品满足/提前满足市场需求的方式开展竞争。空客公司和波音公司就是很好的例子。航空公司已经指出，特别是在波音 777 项目上，因空客公司的挑战，波音公司需要开发技术更先进的飞机[③]。

作为新进入者，空客公司更有动力向航空公司提供与现有飞机截然不同的产品，以打入市场。因此，提供技术先进的飞机是空客公司的一项营销决策。在 20 世纪 80 年代，当空客公司在其飞机上引入先进

---

① March，pp. 41 - 43.
② Tyson and Chin，p. 168.
③ 1992 年 12 月，美国国际贸易委员会工作人员采访西欧航空公司高管时所述。

技术时，波音公司和麦道公司仍可利用规模经济和提供现有产品的衍生机型获利。而且由于引入高科技功能的成本太高，美国制造商认为这些功能必须"砸钱"才能实现，尤其是在航空公司最关心飞机价格的时候。美国制造商声称，它们无法在价格上与空客竞争，因为空客公司可以销售具有更多高科技功能的飞机，而不将成本转移给客户。

4.2.6 融资能力

大型民用飞机公司筹集资金用于设施扩建、新设备采购、研发和新项目引进等用途的能力是决定其竞争力的一个非常重要的因素。一个公司要进入诸如大型民用飞机产业一样成熟的、资本高度密集的行业，需要大量的资金。在商业市场上筹集资金的能力受到大型民用飞机制造商的财务承诺、整体财务状况和声誉或信誉的影响。

作为一个 GIE 结构的公司，空客公司拥有更好的信用评级，因为联合体可以依赖其合作伙伴的财务实力和无限责任[1]。此外，政府控股或部分控制某些空客成员公司的所有权，也降低了商业贷款机构对该财团的信贷风险[2]。许多人认为，空客公司在业内迅速崛起的一个主要因素就是其成员国政府提供给财团的资金。

据了解，西欧官员认为波音公司作为老牌成功的制造商并手握大量订单，在商业市场上筹资会相对容易[3]。

然而，根据穆迪投资者服务公司的报告，空客公司的债券评级为

---

[1] 1992 年 11 月 2—3 日，法国图卢兹，空客公司高管接受美国国际贸易委员会工作人员的采访时所述。

[2] 空客公司在债券市场为 A321 项目筹集了 4 亿美元（以里拉计价）。这是空客公司首次在商业市场融资。

[3] 1992 年 11 月 2—3 日，法国图卢兹，空客公司高管接受美国国际贸易委员会工作人员的采访时所述。

"高"级①,波音公司的也为"高"级,但麦道公司的评级为"中"级②。

4.2.7 生产成本、生产力和生产技术

4.2.7.1 生产成本和生产力

生产成本对企业的竞争力有很大的影响。如今,一家大型民用飞机制造商在新飞机的研发、工装和取证方面投入的固定成本预计将为20亿~40亿美元。虽然推出衍生机型的成本较低,但其研发及取证成本仍超过5亿美元③。

在全球大型民用飞机产业中,生产成本受到严密保护,航空航天产业工人的工资以外的数据通常无法获得(见图4.1)。

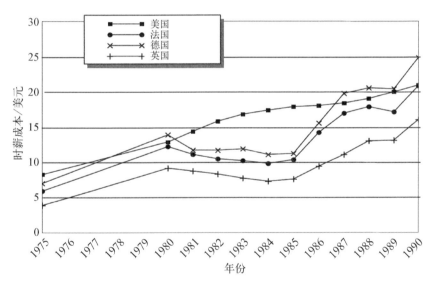

图 4.1 1975—1990 年航空航天产业工人的时薪成本

资料来源:美国劳工统计局。数据包括飞机、空间飞行器及其部件、制造工人成本。

---

① 1993 年 7 月 23 日,美国国际贸易委员会工作人员电话采访穆迪投资者服务公司高管。

② Moody's Investors Service, Inc. *Moody's Industrial Manual 1992*, New York, 1992.

③ Gellman, p. 7.

在外部成本方面，大型民用飞机制造商指出，不断上升的医保成本、严格的法律规定、劳工培训和再培训、环保责任都是对竞争力产生负面影响的成本因素①。

劳动生产率主要是指每个员工的产出，随着制造商产品线的共通性水平的提高，生产率也逐步提高。例如，波音公司在其 707、737 和 757 飞机上使用了相同的机身和生产设施，这就导致了很高的劳动生产率②。据一位业内人士报道，波音公司在生产效率方面仍比麦道公司具有 5％～8％的优势③。然而，麦道公司声称，在过去的 2～3 年里，组装 MD‑11 和 MD‑80 所需的工时减少了三分之一以上④。虽然空客公司的生产线大量实现了共通性，但据报道，西欧由于生产规模较小⑤，劳动生产率比不上美国。那些对空客 GIE 结构持怀疑态度的人断言，即使合作伙伴个体的效率再高，飞机生产的贡献最终也必须匹配公司的所有权份额，所以 GIE 结构并不能实现资源的最大经济利用⑥。

空客公司声称，美国制造商将生产转包给不相关的供应商，而由于每架飞机的供应商不尽相同，因此美国制造商的生产成本可能会更高、效率更低⑦。

---

① 波音公司劳伦斯·W. 克拉克森（Lawrence W. Clarkson）在参议院财政委员会的证词，1992 年 6 月 2 日，第 4 页；以及 1993 年 2 月，空客公司高管在法国图卢兹接受美国国际贸易委员会工作人员的采访时所述。

② Gellman，p. 10.

③ Thompson，p. 17.

④ Hood，p. 7.

⑤ Commission of the European Communities，p. 11。然而，空客公司较高的生产自动化水平有助于抵消这种劳动生产率差距。1993 年 2 月，空客公司高管接受美国国际贸易委员会工作人员的采访时所述。

⑥ 然而，随着空客公司合作伙伴开始赢得非传统制造领域的合同，并加大工作分包力度，这种情况正在改变。1992 年 11 月 2～3 日，空客公司高管在法国图卢兹接受美国国际贸易委员会工作人员的采访时所述。

⑦ Renee Martin-Nagle. Corporate Counsel，Posthearing Submission on Behalf of Airbus Industrie，GIE and Airbus Industrie of North America，Inc.，p. 7.

4.2.7.2 生产技术

生产技术也是影响竞争力的重要因素。先进的生产技术和制造设备为拥有它们的企业提供了明显的优势,因为它们可以缩短生产时间,减少所需的生产工人,降低整体生产成本。空客公司是大型民用飞机产业的最新参与者,再加之其各成员公司及政府的资金支持,因此,目前空客公司所有产品线上均采用了最先进的生产技术和制造设备。空客公司的合作伙伴在新的、灵活的自动化和计算机化的生产系统上投入了大量资金,目的是提高生产率,减少交货时间和降低生产成本[1]。空客公司的高管声称其在制造方面比竞争对手领先 10～15 年[2]。

4.2.8 产能和应对需求变化的能力

最优产能取决于如何在过剩生产能力的较高成本和当生产能力不足以满足需求时失去客户的成本之间维持平衡[3]。航空公司的报告显示,不能按时交付飞机可能会导致巨大的利润损失,如果损失足够大,可能会迫使航空公司转而从另一个制造商那里购买飞机[4]。航空业的看法表明,这三家主要的制造商在交货日期方面是基本相当的,其中一家航空公司提到由于麦道公司积压订单的压力"较小",通常可以提供更早的交货日期[5]。

对于全球大型民用飞机产业的商业成功来说,产能的灵活性,即随意增加和减少产量的能力,与整体产能同样重要。欧洲共同体官员表示,西欧工业缺乏应对突然激增需求的灵活性。此外,他们还指出,美

---

① March,p. 36.

② 1992 年 11 月 2—3 日,空客公司高管在法国图卢兹接受美国国际贸易委员会工作人员的采访时所述。

③ Commission of the European Communities,pp. 7 - 8.

④ 根据 1993 年 2 月美国国际贸易委员会针对航空公司问卷调查的反馈编制。

⑤ 同上。

国航空产业则在应对需求的急剧增长时，在交货时间方面展现出很大的灵活性①。西欧航空产业不能迅速增加和减少产能的一个原因是西欧的社会和劳动法，这些法律规定对劳动力采取相对保守的劳工办法，以避免在生产需求较低时期劳动力供应过剩（见第 5 章）②。

　　一般来说，新增需求占大型民用飞机销售的 70%，老旧机型替换需求占 30%③；然而，这一比例也因飞机类型的不同而存有差异。对特定类型飞机的需求是周期性的，航空公司倾向于使用相同类型的飞机（窄体或宽体）替换老旧的飞机。因此，能够提供一系列飞机和具有生产灵活性的制造商在该行业中具有比较明显的优势。此外，预测市场需求的能力也很重要。

4.2.9　售后支持

　　售后支持和人员培训是大型民用飞机制造商非常重要的竞争营销工具。这些向航空公司出售飞机的关键要素在购买合同中都有规定。业内官员承认，提供有竞争力的产品支持与拥有成功的飞机设计同样重要④。正如本章前面提到的，规模经济是在售后支持领域实现的，因为随着市场份额的增加⑤，提供售后支持单机成本显著下降。如前所述，一个令人满意和有竞争力的售后支持网络的前期投入和维持费用是相当巨大的。

---

① Commission of the European Communities，p. 6.

② 同上，p. 8。

③ 1992 年 9 月 4 日，波音高管在华盛顿州西雅图接受美国国际贸易委员会工作人员采访时所述。

④ John E. Steiner. "How Decisions Are Made: Major Considerations for Aircraft Programs," speech delivered before International Council of the Aeronautical Sciences, American Institute of Aeronautics and Astronautics, Aircraft Systems and Technology Meeting，Seattle，WA，Aug. 24，1982，p. 32.

⑤ Gellman，p. 8.

衡量大型民用飞机制造商产品支持质量的最重要的因素是其服务停场飞机(AOG)的能力[1]。由于飞机停场会产生高昂成本,因此航空公司要求制造商能够快速提供全球服务。

产品支持还包括以下内容:机组人员和航空维修工程师培训;运营工程支持;销售支持;备件和商店;日常维护和地面运营;为航空公司制定有关维护的工具、设施、测试设备和备件清单的培训计划[2]。航空公司的报告指出,目前三家制造商在售后支持方面没有明显的差别[3]。

4.2.10　飞机的生命周期

飞机的生命周期既是企业的内部因素,因为它反映了制造商预测市场需求并做出相应反应的能力;也是外部因素,因为市场需求的变化可能超出制造商的控制范围。例如,为了生产一种可能具有最长经济寿命的飞机,制造商预测未来政府实施的环境和安全法规将对飞机的某些部分产生影响[4]。与刚进入研发阶段的制造商相比,已进入新项目研发深水区的制造商在面对始料未及的新规时将会产生更高的调整成本[5]。

制造商也可能尝试预测飞机级的需求,就像空客公司对 A340 所做的那样。西欧航空业观察家指出,西欧航空业的自由化将导致航空出

---

[1]　当航空公司遭遇飞机停场时,会导致机会成本损失,因为飞机在故障修复之前不能飞行。

[2]　March,p. 29.

[3]　根据 1993 年 2 月美国国际贸易委员会针对航空公司问卷调查的反馈编制。然而,美国行业高管声称,由于政府的支持,空客公司才能够在市场渗透之前建立一个复杂的全球服务支持网络。1993 年 2 月 18 日,麦道公司高管在华盛顿特区在接受美国国际贸易委员会工作人员的采访时所述。

[4]　麦道公司高管指出,MD - 80 是第一架完全符合第三阶段噪声的飞机,并补充说MD - 90 将是世界上噪声最小的飞机(首批计划在 1994 年第四季度交付)。1993 年 2 月18 日,麦道公司高管在华盛顿特区接受美国国际贸易委员会工作人员的采访时所述。

[5]　产品交付日期也可能因受到新规定的影响而推迟;这对制造商来说是额外的成本,通常必须向航空公司支付罚款。

行增长，主要枢纽拥挤，从而增加从二级及支线航路飞行的次数。另一个衡量产品支持的标准是签派可靠性，具体指的是飞机起飞时间不会因为飞机机身或发动机故障而超过 15 分钟。空客公司认为，这一特定的市场将不需要如波音 747 一样座级和航程的飞机，A340 即可满足需求。

根据直接运营成本降低的幅度，航空公司可能会在飞机经济寿命周期结束前选择改变当前的机队构成，通过引入新飞机降低直接运营成本。因此，从最初的设计阶段开始，制造商就必须考虑生产一种至少能盈利 20 年的飞机。

大型民用飞机制造商可以通过引入衍生机型来延长其产品的生命周期。规模经济和学习曲线效应是采取这种方式的重要激励因素。近年来，因为推出新项目的高昂成本和衍生机型的广泛开发，以及最近飞机和推进技术的发展是渐进式而非革命性的，所以产品的生命周期变得更长了。

4.2.11　国内机身分包商和零部件供应商

由于大型民用飞机产业日益全球化，国内机身分包商和零部件供应商的重要性正在下降。1979 年《贸易协定法》中的关税和贸易总协定（以下简称"关贸总协定"）《民用飞机贸易协定》消除了民用飞机和部件贸易的大多数障碍，促使跨国分包和部件采购急剧增加。在美国，因为经济合理化，飞机零部件供应商的数量已经减少了。在 20 世纪 80 年代，美国大型民用飞机生产商的产量大幅增加，但其选用的供应商数量却从 11 000 多家下降到 4 000 家以下①。

业内高管表示，虽然出于价格竞争和国家安全（比如军工生产）等

---

① Menes，p. 10.

原因,保持国内供应商基础很重要,但总体而言,大型民用飞机制造商仍在全球范围寻找质优价廉的零部件供货源①。

然而,制造商对供应商的选择是由市场驱动的。抵销,或是为获得市场准入而采购零部件,会抑制从国内供应商采购的需求。抵销的重要性因制造商而异②。

大型民用飞机产业的全球性可以通过大型民用飞机中国外部件的占比体现。除发动机外,727(1959 年交付)的国外部件占比最多为 2％③,767(1978 年交付)的国外部件占比在 10％～26％;此外,777 机型(1990 年启动)的国外部件占比为 15％～26％④。空客公司报告称,包括发动机在内的国外部件(主要是美国产品)平均在 A310 - 300 飞机中占比为 30％,在 A320 飞机中占比 17％;国外部件在采用美国发动机的 A330 - 300 中占比为 30％,在采用罗罗发动机的该机型中占比为 10％。国外部件在 A330 - 600 飞机中占比 29％,占 A340 - 300⑤ 飞机的 22％,MD - 80 的 16％,MD - 11 的 20％⑥。

4.2.12　征询航空公司工程意见的重要性

过去,航空公司会保留大量的工程部门以与制造商在新项目上合作。工程师和飞行员基于技术标准,在飞机购买决策中提供重要意见。

①　1992 年 11 月 11 日,英国行业高管在伦敦接受美国国际贸易委员会工作人员采访时所述。

②　最初,空客公司的结构限制了抵销贸易的应用,因为每家成员公司都认为必须根据其在财团中的份额来匹配生产。近年来,这种情况有所改变。1992 年 11 月 2—3 日,空客公司高管在法国图卢兹接受美国国际贸易委员会工作人员的采访时所述。

③　Menes,p. 10.

④　John F. Hayden. Vice President, Washington, DC Office, Posthearing Submission on Behalf of The Boeing Co.

⑤　Martin-Nagle, p. 2.

⑥　John Wolf, Executive Vice President, Commercial, Douglas Aircraft Co., testimony before the Ways and Means Committee, Subcommittee on Trade, Mar. 31, 1992,pp. 7 - 8.

然而,近年来,航空公司工程部门的重要性有所下降。目前,航空公司购买飞机的决策更多是由营销和财务专家基于财务标准和性能保证[1]而做出的。来自主要航空公司的报告表明,大约50%的航空公司目前有一个设计研发部门,以支持大型民用飞机制造商的工程工作[2]。这些航空公司表明,制造商与购买者合作的能力或意愿目前不是大型民用飞机制造商之间竞争的重要因素。

一些业内专家认为,航空公司工程师的参与在未来将再次增加。例如,据报道,波音公司就波音777[3]的机翼和航空电子设备等功能咨询了8家主要客户的"设计制造团队"。

4.3 外部因素

4.3.1 市场和宏观经济因素

4.3.1.1 商业周期

国内生产总值(GDP)的增长刺激了消费者信心,提高了可支配收入,进而增加了对航空旅行的需求。航空旅行的总体需求是新飞机销售和订单的主要决定因素之一,对所有大型民用飞机制造商来说都是如此。如上所述,有70%左右的飞机因扩充机队规模而购入。因此,70%左右的新订单在很大程度上取决于可支配收入,这导致了航空旅行需求的增加。

由于飞机的交付是在订单下达数年后才交付的,理想情况下,航空

---

① March,p. 323。这在很大程度上是由于航空运输业的财务状况所限,一方面航空公司削减工程部门员工,另一方面成本因素在购买决策中的重要性不断增加。

② 1993年2月,根据美国国际贸易委员会针对航空公司的问卷调查回复编制。

③ Tyson and Chin,pp. 191-192.

公司应该在经济衰退期间进行订购,以迎接后续的增长周期。然而,航空公司准确把握订单交付的能力,往往受到可用资本和融资以及飞机制造商储备订单的限制,使其不能顺利在行业增长周期内及时接收飞机。在 GDP 增长时期,订单往往会增加,因为航空公司更容易获得资金。

如果生产民用飞机以外的产品,商业周期会影响大型民用飞机制造商的竞争力。例如,军机合同商业周期通常与民用飞机商业周期相反,并且可以缓冲民用飞机商业周期的衰退趋势[①]。此外,经济下行对财务状况最危险的制造商的损害往往最大,因为该类制造商对每一笔销售的依赖程度都很高。然而,主要制造商的整体市场份额可能会在增长周期中下降,因为增长周期为新进入者提供了更多的机会。美国业内人士表示,为了增加产量,供应商需要 18～24 个月的交货时间;新进入者可能会以更快的速度填补生产和需求之间的缺口。

4.3.1.2　民用航空运输业的发展

民用航空运输业的增长方面,航空公司数量可以对大型民用飞机需求产生显著影响。例如,1978 年美国航空运输业的放松管制为数十家规模相对较小的新航空公司打开了竞争的大门。航空业的激烈竞争导致了机票价格的下降,从而导致旅客旅行激增,航空公司对额外飞机的需求增加。美国主要航空公司表示,由于放松管制,大型民用飞机订单需求增加,特别是对燃油效率更高的飞机的需求增加明显。

随着民用航空运输业的变化,不仅对飞机的总体需求会发生变化,对特定机型的需求也会发生变化。例如,放松管制后更直接的结果是对小型飞机的需求增加。如今,航空公司趋向于购买更大的飞机和宽体飞机。这一变化是由于机场过度拥挤,每次起降都需要更快的周转

---

① Eberstadt, p. 1.

和更大的有效载荷。能够对需求变化做出快速反应的制造商更具有竞争优势。

4.3.1.3 汇率

汇率对大型民用飞机制造商的竞争地位有重大影响。这既是因为美国制造商主宰了大型民用飞机产业几十年，也是因为全球的航空公司更喜欢用美元购买飞机，全球的商业活动是基于美元开展的[①]。因此，为了对冲汇率波动，空客公司尽可能多地使用美元开展业务（如购买零部件）[②]。

美元升值对美国的竞争对手有利，因为它们获得的美元会转换为数额相对较大的当地货币，这意味着利润率会增加，他们就能够降低飞机的美元价格，从而比美国航空业竞争对手更具竞争力。然而，在美元疲软的时候，这些制造商会受到不利影响，因为他们获得的当地货币相对较少。

在这种情况下，外国制造商的现金流入减少，而以当地货币计价的生产和劳动力成本却没有变化。这意味着利润率下降，因此可能会给美元价格带来上行压力，并使非美国制造商在与美国航空业的竞争中处于劣势。

1970—1992 年，1 欧元平均能兑换 1.127 美元（见图 4.2）。在 1982—1992 年，该平均汇率低于 23 年以来的平均水平（1：1.059），这对空客公司的竞争地位产生了积极影响。事实上，正是在这段时间里，空客公司在全球竞争地位取得了显著的提高，从 1982 年宣布的占全球订单 2% 的市场份额增长到 1992 年的 28%[③]。

---

① 其他产品，如有色金属和石油在全球也以美元进行交易。

② 1992 年 11 月 2—3 日，空客公司高管在法国图卢兹接受美国国际贸易委员会工作人员的采访时所述。

③ Boeing Commercial Aircraft Group. *World Jet Airplane Inventory*, *Year-End 1992* (Seattle，WA：The Boeing Co.，Mar. 1993)，p.12.

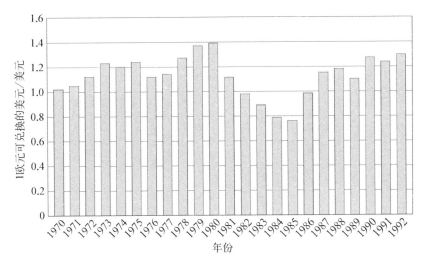

图 4.2　1970—1992 年的美元与欧元汇率

资料来源：欧洲共同体委员会，《欧洲航空航天产业贸易状况和数字》，1993 年。

虽然美元在 20 世纪 80 年代中期是坚挺的，但最近的水平似乎正在接近 20 世纪 70 年代中期至后期的较低水平。一般来说，由于其波动性质，汇率作为竞争力因素的影响往往随着时间而变化，对美国及非美国的大型民用飞机制造商会轮番产生积极或消极的影响①。

4.3.1.4　航空燃油②的价格

除票务、销售、促销费用外，航空燃料和燃油在 1991 年占航空公司

---

①　德国政府于 1989 年启动了汇率担保计划。1992 年 1 月 15 日，在关贸总协定（GATT）裁定不符合其补贴政策后，该计划被暂停。1992 年 4 月，欧洲共同体宣布，它正在考虑设立一个"特别基金"，以保护西欧大型民用飞机产业不受美元相对汇率波动的影响。欧洲共同体行业管员断言，该基金将符合关贸总协定的规定，并将由航空工业基金而非政府提供资金。

②　1993 年 6 月，参议院通过了一项运输燃料税法案，旨在取代克林顿政府提出的能源税。洛杉矶民主党参议员约翰·布鲁提出的运输燃料税是 4.3 美分/加仑税，如果得以实施，航空经济学预测在五年内将导致美国航空公司成本增加 25 亿美元，以及数量相当于一个中型航空公司的员工失业。参议院已经免除了航空公司的税收，但这个问题在未来的参众两院会议上最终匹配预算的结果目前还不清楚。"Btu Tax Impact," *Aviation Week & Space Technology*，Mar. 8，1993，p. 29；and "Airlines Win Exemption From Fuel Tax In Senate Budget Bill," *Airport Report*，Jul. 1，1993，p. 1。

运营成本总费用的比重最大(见图 4.3)①。单就直接运营成本来讲,燃料是 1991 年航空公司最大的单一支出②。据报道,航空燃料单价每上涨 1 美分,航空公司每年的运营费用就会增加 1.5 亿美元③。然而,由于飞机发动机燃油效率的提高,航空燃料价格在直接经营成本中的相对重要性已经下降。自 20 世纪 80 年代初燃油价格从高位回落以来,燃油效率的重要性也有所下降。因此,一些机型较老、燃油效率较低的大型民用飞机得以继续经济地运营。

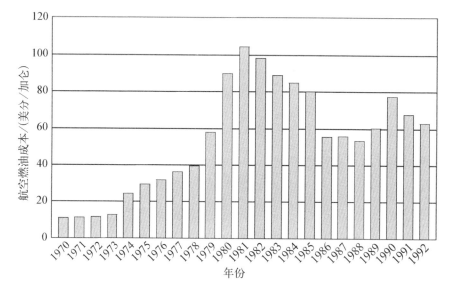

图 4.3　1970—1991 年的航空燃油成本

资料来源：美国航空运输协会引用的美国航空航天工业协会有关航空航天的事实和数据。

① International Air Transport Association，1992 Annual Report，p. 6.

② Boeing Commercial Airplane Group. *Current Market Outlook 1993*（Seattle，WA：The Boeing Co.，Mar. 1993），p. 2. 7.

③ Brian H. Rowe. president and chief executive officer，General Electric Aircraft Engines，testimony before the National Commission to Ensure a Strong，Competitive Airline Industry，June 4，1993，p. 3.

制造省油的大型民用飞机的竞争优势似乎会随着航空燃料价格的上涨而凸显,而随着价格的下降而变弱。然而,由于燃料价格上涨,燃油效率相对较高的机型的销量增加,可能会对该飞机制造商的竞争地位产生持久的影响。比如制造商可以利用获得的收入提高规模经济,启动一个新的项目,或在重要的研究项目上再投资,或基于共通性原因再次获得该燃油效率较高机型的订单。

4.3.1.5　可用资金

利率对单个公司的竞争地位的影响,取决于该公司能否获得商业市场以外的资金来源。空客公司的成员单位拥有其他资本来源(如政府直接支持),这使得空客公司具有明显的竞争优势。除了获得低于市场利率递延利息的政府贷款外,空客公司的合作伙伴还接受了私人贷款机构提供的政府担保贷款①。

航空公司为购买飞机提供资金的能力将取决于现行利率以及制造商可以提供的融资机会。就与航空公司签订的合同而言,如果制造商可以向买方提供有吸引力的融资,从而使航空公司减少对资本市场的依赖,从而避免较差的利率,则该制造商就更具有竞争优势。当航空公司面临财务困难时尤其如此。美国航空业消息人士报告称,由于近期财务表现疲弱,美国航空公司的借贷成本在 1992 年初翻了一番②。

4.3.2　政府政策

影响大型民用飞机制造商竞争力的政府政策包括直接和间接支

---

① Virginia C. Lopez and David H. Vadas. *The U. S. Aerospace Industry in the 1990s: A Global Perspective* (Washington, DC: The Aerospace Research Center, Aerospace Industries Association of America, Inc., Sept. 1991), p. 54.

② Virginia C. Lopez and David H. Vadas. *The U. S. Civil Aircraft Industry: Can It Retain Leadership? Keeping America Competitive in the Global Marketplace* (Washington, DC: The Aerospace Research Center, Aerospace Industries Association of America, Inc., Apr. 1993), p. 13.

持，税收、贸易、环境保护、反垄断和劳工政策，以及飞机合格审定要求。由于政府政策是影响全球大型民用飞机产业竞争力的主导因素，因此将在第5章进行更详细的介绍。

第 5 章
政府政策对全球
大型民用飞机产业
竞争力的影响

5.1 引言

本章讨论了影响全球大型民用飞机产业竞争力的政府政策，重点介绍了政府对大型民用飞机制造商的直接和间接支持。本章还介绍了其他政府支持情况和法律，包括有关公司结构的政策、反托拉斯法（反垄断法）、环境法、反海外腐败法、劳动法、航空法律和法规、税收政策、出口政策和要求、关税问题，以及影响飞机贸易的某些协议。

虽然许多法律要求和政府政策能影响大型民用飞机产业的竞争力，但只有少数是有重大影响的。本章的研究结果和结论主要基于美国政府机构和欧洲共同体委员会或西欧各国政府受委托或编写的报告。这些报告以及其他独立的研究和资料来源表明，政府直接和间接的支持似乎对美国和美国以外的大型民用飞机制造商的竞争力都有明显的影响。有消息称，其他政府支持和法律似乎对竞争力的影响微乎其微。

5.2 政府对大型民用飞机制造商的直接和间接支持

关于政府支持大型民用飞机制造商的性质和程度的争论主要基于

三份报告：空客公司经济和财务评论（格尔曼报告），由欧盟委员会委托编写的"美国政府对美国民机产业的支持"，以及美国政府对欧盟委员会报告的回应。格尔曼报告详细描述了政府在1989年之前向空客成员公司提供的所谓的直接支持。这份报告是由格尔曼研究协会（Gellman Research Associates，Inc.）为美国商务部国际贸易管理局（International Trade Administration）编写的，并于1990年9月4日发布。欧盟委员会委托撰写的报告详细说明了1991年之前美国向民用飞机产业提供的所谓间接支持，通常被认为是欧盟委员会对格尔曼报告的回应。这份报告由华盛顿特区的凯寿律师事务所（Arnold & Porter）编写，并于1991年11月发行。美国政府的回应报告对以上指控和控告进行了辩驳，并于1992年3月发布。尽管其他行业观察人士和专家也提出了其他观点，但这三份报告一直是该领域近年争论和反争论的主要内容。

5.2.1 美国政府支持项目

欧盟委员会表示，1988年美国对航空产业的间接支持包括用于研发的162亿欧元，以及用于支持销售和维修的近402亿欧元[1]。

另一份欧盟委员的报告明确指出："美国政府根据美国长期以来的政策，向美国民机产业提供了大规模的、系统的支持，以保持美国在航空技术所有领域的优势[2]。"报告认为，在1976—1990年期间，政府支持是间接进行的，是通过美国国防部研发部门、美国航空航天局（NASA）

---

① Commission of the European Communities. *A Competitive European Aeronautical Industry* (*Communication from the Commission*) (Brussels：Commission of the European Communities，SEC（90）1456 final，July 23，1990），annex p. 15，table 9。1988年，1欧元约等于1.182美元；因此，该数据以美元计算分别为192亿美元和475亿美元。

② Arnold & Porter. *U.S. Government Support of the U.S. Commercial Aircraft Industry*，prepared for the Commission of the European Communities（Washington，DC：Nov. 1991），p. 1.

研发部门和美国税收系统提供的，支持总额为 180 亿～220.5 亿
美元[1]。

5.2.1.1　军事研发与合同

欧盟委员会委托的报告称，由于美国大型民用飞机产业是军事航
空研发和制造的主要组成部分，而且由于军事和民用航空技术通常有
重叠，美国大型民用飞机产业已经从参与军事研发中获得了"非常可观
的商业利益转化"[2]。该报告还指出，美国政府为实现民用航空技术的
重大突破提供了必不可少的重大支持[3]。该报告预估，从 1976 年到
1990 年国防部花费的 500 亿美元军事航空研发拨款中，59 亿～97 亿美
元对美国大型民用飞机产业产生了利益（直接或间接利益，抑或两者皆
有）[4]。经济合作与发展组织（OECD）在 1990 年的一份报告中估计，到
1989 年，美国航空航天产业将在研发方面投入 240 亿美元，美国政府将
通过国防部资助其中的四分之三[5]。

空客公司也认识到航空领域的民用和军事技术之间存在重叠，以
及与航空公司签订的军事合同对这些公司的商业运营产生了积极影
响[6]。空客公司表示，这些积极影响通常是因为对军用飞机的优先采购
政策和对军用和民用研发的间接支持，但也包括直接支持，如贷款担

---

①　Arnold & Porter. *U. S. Government Support of the U. S. Commercial Aircraft
Industry*，prepared for the Commission of the European Communities（Washington，DC：
Nov. 1991），p. 1.

②　同上，pp. 51 - 57。

③　同上，p. 1。据报道，这些好处可以以直接技术转让的形式出现（例如飞机对飞机
的转让和主要或次要部件的转让），据称这些转让得到了国防部的支持；任何促进民用飞
机领域的发展都有望以类似的方式应用在军事方面（例如所谓的"两用政策"）。Arnold &
Porter，pp. 4 - 6。

④　同上，pp. 1 - 2，6 - 7。报告称，以当前美元计算，该数字为 124 亿～202 亿美元。

⑤　OECD. *Internationalisation of Industrial Activities：Case Study of the
Aerospace Industry*（Paris：drafted Jan. 8，1990，distributed Jan. 10，1990），p. 17.

⑥　Renec Martin-Nagle. Corporate counsel，prehearing submission on behalf of
Airbus Industrie，GIE and Airbus Industrie of North America，Inc.，pp. 3 - 4.

保。空客公司的结论是"美国制造商得到的政府支持远远超过空客公司,而且与空客公司获得的贷款支持不同,美国制造商不需要偿还其所获得的支持"[①]。

由欧洲共同体委托编写的报告指出,美国政府为私有公司独立进行的可能具有军事用途的研发项目[如独立研发(IR&D)]以及军事合同的某些投标和方案(B&P)开发费用提供了补偿[②]。欧洲委员会指出,在 1976—1990 年期间,这种航空补偿使大型民用飞机产业受益 10亿~13 亿美元[③]。此外,根据美国商务部的说法:"政府的国防转型计划将未来政府的研究重点放在具有民用而非国防可能性的领域[④]。"

欧盟委员会委托的这份报告还指出,国防部制造技术计划(ManTech)提供资金,鼓励承包商使用新的制造工艺技术,并降低与新的和改进的制造技术相关的成本和风险[⑤]。

报告声称在 1976—1990 年,制造技术计划中约 3 亿美元的资金用于应用新的航空制造技术[⑥]。最近的其他消息来源表明,根据制造技术计划,麦道公司已与美国海军签订了 5 份合同,与美国空军签订了 3 份合同,所有合同均涉及复合材料技术。其中一些还是多年合同,所有合同的总资金可能不到 1 000 万美元。得益于制造技术计划,波音公司已经与美国空军签订了 2 份合同,一份是直升机合同,另一份是大型运输机机身复合材料制造技术合同[⑦]。

---

① Renee Martin-Nagle. Corporate counsel, prehearing submission on behalf of Airbus Industrie, GIE and Airbus Industrie of North America, Inc. , p. 5.

② Arnold & Porter, pp. 2,11.

③ 同上,pp. 2,11。

④ Jonathan Menes, acting assistant secretary for trade development, posthearing submission on behalf of the U. S. Department of Commerce, p. 12.

⑤ Arnold & Porter, p. 11.

⑥ 同上,p. 12。

⑦ U. S. Air Force, Air Force Material Command. *Manufacturing Technology Program 1992*, 1993;以及 U. S. Navy. *Navy MANTECH Project Book 1992*, 1993。

空客公司称，波音公司已经在将军事技术和制造资源应用于民用领域方面取得了巨大成功①。据空客公司消息，这些应用转化的例子包括 707（与波音公司的 KC－135 军用运输机密切相关）和 747（C－5A 军用运输机的民用版本）②。空客公司表示，波音公司能够以相对较低的投资参与民用飞机市场，因为它使用军用飞机作为民用飞机的基础③。1991 年为技术评估办公室（OTA）编写的一份报告得出了类似的结论，指出技术协同作用是航空航天领域最重要的以军促民的方式④。

至少有一个消息来源引用了关于麦道公司的例子，因为 KC－10 直升机和 DC－10 客机高度相似，所以在 DC－10 客机销量急剧下降的关键时刻，政府提供的 60 架 KC－10 直升机的合同为麦道公司提供了安全网⑤。据称，美国政府拨付的用于国防和民用研发项目的资金对于美国大型民用飞机产业中飞机的发展发挥了重要作用⑥。

尽管美国政府的政策并非旨在保证美国飞机制造商在商业运营中取得成功，但研发支持、大量积压的"安全"军事订单，以及政府不愿让

① Martin-Nagle. Prehearing submission，p. 21.

② 同上，美国军方发布了一份重型运输飞机的招标书。一些美国公司参与了该项目的竞标，并获得了部分政府的研发资金。虽然波音公司没有赢得合同，但它坚持研发飞机，最终推出了波音 747。

③ 同上。

④ George Eberstadt. "Government Support of the Large Commercial Aircraft Industries of Japan，Europe，and the United States," contractor document for *Office of Technology Assessment*，*Competing Economies: America，Europe，and the Pacific Rim* (Washington，DC：Congress of the United States，1991)，p. 30. 该消息来源反映："在一些情况下，为军队研发的整个系统已经'衍生'到商业应用，降低了研发成本和民用客户面临的风险。在另一些案例中，为商业用途设计的产品或技术由于获得大量军事订单，已经实现了更高的生产效率，从而降低了成本。"

⑤ Laura D. Tyson and Pei-Hsiung Chin. "Industrial Policy and Trade Management in the Commercial Aircraft Industry," ch. in *Who's Bashing Whom? Trade Conflict in High-Technology Industries* (Washington，DC：Institute for International Economics，1992)，p. 170.

⑥ 经济合作组织在 1990 年的一份报告中也得出了类似的结论。OECD，pp. 21 - 22。

一家"不管它有什么商业罪行"的大型国防承包商完全倒闭,促使美国生产商大胆地进行高风险的商业冒险,并帮助他们筹集了为此所需的相当可观的资金[1]。

该消息来源得出的结论是,除了 SST 计划,美国政府没有直接支持商用飞机的研发和生产:

> 纵观历史,美国航空产业一直受益于一项临时但有效的产业政策。尽管这一政策的目标主要是军事性质的,但它对民用飞机市场产生了意想不到和不可避免的溢出效应。[2]

据报道,美国政府对大型民用飞机制造商的支持采取了多种形式,包括优先采购军用飞机、支持国防和民用航空研发、贷款担保,以及制定基于价格竞争的航空管理规章。而在以往,政策鼓励基于新机型设计开展竞争[3]。

然而,该消息来源认为由于 19 世纪 80 年代航空管制的放松,美国宇航局(NASA)和国防部对航空研究的实际资助相对稳定增长,以及军事航空领域技术的商业溢出效应缩减[4],美国政府的支持对大型民用飞机产业的重要性已经远不比 15 年前。

其他信息来源也得出军事和民用生产之间的交叉正在减少的相似结论。一位行业观察人士指出:

> 自喷气飞机时代开始以来,国防和民用技术一直在逐渐分化,

---

[1] Tyson and Chin, pp. 170 - 171.
[2] 同上, pp. 172,157。
[3] 同上,p. 169。
[4] 同上,p. 171。

因此民用飞机领域从军事发展中获益的机会正在缩减。民用飞机领域需求推动高可靠性、低油耗和低噪声技术发展，而国防需求推动低雷达探测、高速和高机动性技术发展。一些协同效应仍然存在，但比以前小了。①

作为回应，美国政府质疑了欧盟委员会委托报告中关于军事和民用飞机应用之间协同作用的论述和结论。报告指出，美国政府有完善和透明的规则和法规来解决这种潜在的协同效应，具体做法如下：① 将政府合同限定于合法的政府目的；② 合同实施竞争性招标；③ 开展合同审计，确保只有政府工作得到了资助；④ 通过国家技术信息服务中心公示和发布政府资助项目的研究成果。②

美国政府的回应也表明美国军方研发项目只有在提供外国竞争对手无法获得的能力时，才会间接地使国内大型民用飞机项目受益③。此外，制造商应必须将此能力应用于民用途径，且不再接受政府财务补偿④。回应还表明，美国政府对在政府设施（包括 NASA）进行的工业专用测试收取高额费用，这些费用由各自的监察长办公室审计⑤。

美国政府的回应进一步指出，欧洲共同体的调查结果无视美国

---

① 1993 年 4 月 15 日，国际驾联第一副主席杜安·E. 韦尔茨（Duane E. Woerth）机长在美国国际贸易委员会作证时的证词。经济合作组织在其 1990 年的报告中得出了几乎相同的结论。但是，后一消息来源说，"（军事）运输和加油机继续保有许多与民用设计相同的特点。系统、材料、设计和制造过程中的技术协同仍然很重要"。同上，p. 32。

② U. S. Department of Commerce. U. S. Government Response to the EC-Commissioned Report "U. S. Government Support of the U. S. Commercial Aircraft Industry," interagency activity report coordinated by the U. S. Department of Commerce (Washington, DC: Mar. 1992), p. 2, executive summary, pp. ⅱ-ⅲ.

③ 同上，p. 1。

④ 同上，p. 1。

⑤ 同上，p. 22。

在科学技术上的支出产生了美国和外国公司都可以使用的基本知识,报告中使用的分析严重夸大了这些项目所能产生的真正商业价值①。回应还表明,报告的调查结果基于不准确的信息和不正确的假设。它指出,国防部资助的飞机相关研发项目和大型民用飞机之间的共通性是有限的,军用飞机和民用飞机的技术是不同的②。由于美国国防开支的削减,军用飞机和民用飞机之间的协同作用可能会减少。

美国政府的回应补充说,美国的补偿计划只是认可企业将间接成本分摊在整个业务基础上的正常业务运作③。

它还认为制造技术计划开发的技术“必须具有国防用途,并且应该是通用的”,并且该计划对民用航空产生的任何间接益处都是有限的④。

5.2.1.2 NASA 研发与合同

欧洲委员会委托的报告指出,NASA 的目标之一是提高美国航空的技术优势⑤。欧洲共同体认为美国大型民用飞机产业受益于大规模

---

① U. S. Department of Commerce. U. S. Government Response to the EC-Commissioned Report “U. S. Government Support of the U. S. Commercial Aircraft Industry,” interagency activity report coordinated by the U. S. Department of Commerce (Washington, DC: Mar. 1992),p. 1,4。

② 同上, p. 2, 16, executive summary, p. 3。

③ 同上,p. 11。美国政府回应称,规定允许承包商在其国防业务基础上分摊独立研发/投标和方案成本,前提是承包商能够证明开销与军事功能或运营有潜在关系。因此,据称,独立研发/投标和方案政策实际上限制了承包商的补偿,因为公司不能仅为其商业运作而向独立研发/投标和方案活动收费。在 1992 年中期美国政府公布回应后,政府改变了补偿费的政策,取消了军事用品出口的补偿费,但国会法案要求补偿的除外。Press Release from The White House, Office of the Press Secretary. “Fact Sheet on Defense Procurement Reforms,” June 15, 1992; 58 F. R. 16497; 58 F. R. 16782; and 58 F. R. 18448. Also, in September 1992, changes were made in the treatment of IR&D/B&P by DoD and NASA. 57 F. R. 44264。

④ 同上,p. 12。

⑤ Arnold and Porter, p. 2.

的研发活动，如飞机节能计划，降噪计划和高速民用运输机计划（HSCT）以及规模较小的项目，如解决飞机结冰传感器、风切变预测和各种空气安全问题①。报告还指出，NASA 通过与国防部的合作为民用飞机产业带来益处，比如国家航天飞机计划②。报告认为 NASA 90% 的研发会让美国大型民用飞机产业受益，因为美国大型民用飞机制造商将获得大部分的 NASA 研发合同，而且 NASA 的研发成果和大型民用飞机的应用之间存在交叉③。报告指出，"NASA 研究产生的诸多技术进步都已经被美国大型民用飞机制造商整合了到他们的产品中，从而为其节省了大量成本"④。根据欧洲委员会的报告，参与 NASA 研发项目的美国公司受益于 NASA 为公司人员提供的培训，以及增强的内部研究、设计和制造能力⑤。空客公司表示，这些好处将在未来 NASA 的预算拨款中继续存在，并指出 NASA 预计将在 1994 财政年度中投入 10.2 亿美元航空研发资金，以重点提升美国在大型民用飞机市场的份额⑥。

美国政府的回应反驳了这些指控。例如，该报告指出，高速民用运输机计划主要是为了确定是否可以克服潜在的环境障碍，并制定可接受的高速民用运输机运营标准⑦。在对飞机开发做出任何承诺之前，这些问题必须得到解决，而且研究结果也必须公开提供给外国公司和政府以及美国大型民用飞机制造商⑧。

---

① Arnold and Porter，pp. 33，37 - 44。
② 同上，p. 34。
③ 同上。
④ 同上，p. 33。
⑤ 同上，pp. 33 - 34。
⑥ Renee Martin-Nagle, corporate counsel, posthearing submission on behalf of Airbus Industrie, GIE and Airbus Industrie of North America, Inc. , p. 7.
⑦ U. S. Department of Commerce, U. S. Government Response，p. 17.
⑧ 同上，p. 17。

回应还指出,不应对 NASA 支持产生的收益进行过于宽泛的估计,因为 NASA 赞助的研发项目所产生的正外部性与每个项目的具体情况有关,也与合同承接者是否能够将该项目的结果商业化有关[①]。答复指出,NASA 航空研究的目标一直是开发长期的、通用的先进技术,而不是为了使特定飞机项目受益[②]。NASA 的大部分资金都"被美国政府或政府实验室的基础研究消化了"[③]。

虽然现在 NASA 的数据通过公认的国际研讨会和期刊上的技术论文一视同仁地向外国和国内实体提供,但根据早期国内传播(FEDD)计划,部分信息是优先提供给国内公司的(有时提前 2～3 年)[④]。然而,即使公开报道的不属于此计划的数据,也可能在公布前被保留长达 2年。此外,获取信息并不足以代替实际的研究工作所产生的效果[⑤]。然而,尽管有如上种种限制,研究表明,空客公司仍将 NASA 的有关发现和发明成果纳入了其飞机中。

美国工业报告称,空客公司目前正在使用一些 NASA 免费提供的技术[⑥](如空客公司无需在美国缴税,而 NASA 的预算正源于税款)。有消息指出,有许多外国竞争对手应用了 NASA 研究成果,如空客公司是第一个应用小翼和超临界机翼的公司,日本的公司也第一个应用了碳纤维技术[⑦]。

NASA 保留在私有公司承接的某些开发项目合同中列入补偿条款

① U. S. Department of Commerce, U. S. Government Response, p. 4。
② 同上,p. 19;Eberstadt, p. 84。
③ 同上, p. 19。
④ 同上,p. 19;Eberstadt, pp. 84 - 86。
⑤ Eberstadt, pp. 84 - 85.
⑥ U. S. LCA industry officials, interview by USITC staff, Sept. 1992.
⑦ Eberstadt, p. 84。

的选项①。然而，欧洲委员会的报告指出，由于 NASA 保留了对补偿过程的裁量权，在许多情况下是否真正需要完全偿还补偿款是值得怀疑的②。

5.2.1.3　销售支持与干预

空客公司声称，美国政府"对那些正在更换和更新机队的国有航空公司背后的政府施加了不适当的压力"③。

例如，空客公司宣称，日本航空公司曾在 1990 年 3 月同意购买 A340-300 飞机后毁约，并在日本首相海部俊树授意下购买了麦道飞机，而此前不久，这位日本首相曾与布什总统会见讨论日本与美国贸易失衡问题④。另一位消息人士称，日本经济产业省（MITI）每年可向日本航空提供高达 10 亿美元的优惠利率贷款，而该笔贷款只能用于购买美国的大型民用飞机⑤。委员会工作人员调查了这些和其他关于销售支持和政府干预的指控的真实性，并听到了对其中一些指控的评论，但无法核实或反驳这些指控。

5.2.1.4　对美国大型民用飞机产业竞争力的影响

空客公司表示，美国大型民用飞机供应商目前在全球市场的主导

---

① 自美国政府回应后，NASA 要求补偿回收的情况在某种程度上发生了变化。此前，NASA 要求补偿（或行业分摊项目成本）的情况包括：一是项目面向最终产品；二是提供了承包商进行市场销售的潜力；三是预估研发成本超过 1 000 万美元。美国商务部，美国政府回应，第 20 页。目前，当一项活动向接受者传递的特殊利益高于公众获得的特殊利益时，或当法规规定或是国会批准特定项目的基础时，NASA 要求补偿（或行业分摊项目成本）。*Recoupment Policy for the Sale, Use, Lease, or Other Transfer of NASA-Developed Technologies*, NASA Management Instruction, effective date March 31, 1993（NMI 5109.13D）。

② Arnold and Porter, pp. 46 - 47。欧洲委员会的报告进一步指出，补偿是根据应用 NASA 技术的商业物品销售的百分比计算的，但如何确定该商业物品是否应用该技术却是难点。欧洲委员会的报告得出结论，这些因素降低了将此类补偿列入合同或列入合同后执行的频率。

③ "Report on U. S. Government Intervention in Sales of Civil Transport Aircraft"（Airbus Industrie；Dec. 1991），tab H.

④ 如上，tab H.

⑤ Eberstadt, p. 103.

地位,主要得益于政府的大力间接支持①。空客公司声称,美国政府的研发支持和庞大的军事合同积压订单,支持了美国航空业的广泛研发活动和生产基础设施建设,并培养了大量熟练的航空业工人,这反过来又使得美国大型民用飞机制造商可以开展商业活动,而无须承担全部发展成本。然而,一位向技术评估办公室提供信息的消息人士表示,尽管大型军事采购改善了商用飞机制造商的财务状况,但这些好处是间接的,而且通常是无意的②。美国和欧洲委员会目前正在谈判确定构成间接支持的内容,以及确定向美国大型民用飞机制造商和空客公司提供该类援助的数额时应当使用的方法。在制定出双方同意的条款之前,不可能对间接支持进行准确的计算。

5.2.2　西欧政府支持计划

相比于美国政府对美国大型民用飞机产业的间接支持,西欧政府对空客联合体成员公司则既有直接支持,又有间接支持。经济合作组织的一份报告指出,空客联合体成员国的政府通过财政支持、公共采购和政府所有权等手段,在支持各自航空产业的发展中发挥了重要作用③。虽然在1992年完成单一欧洲市场(EC－92)的计划要求取消政府补贴,但空客联合体成员国继续推动和补贴着各自的航空产业。尽管欧盟委员会经常采取行动反对国家补贴,以防止它们为本国制造商创造歧视性或不公平的优势,阻碍欧洲一体化市场的发展,但据报道,它不反对有利于西欧而非本国的项目④。因此,与空客联合体成员公司有关的支持被认定为"与建立更大的欧洲市场相协调,并符合所鼓励的

①　Martin-Nagle, prehearing submission, p. 2.

②　Eberstadt, p. 29.

③　OECD, p. 23.

④　John W. Fischer, et al. *Airbus Industrie: An Economic and Trade Perspective* (Washington, DC: Congressional Research Service, Feb. 20, 1992), p. 21.

经济活动的特点"①。

欧洲共同体委员会在 1990 年的报告中说,对航空产业的公共支持已经从 1978 年的近 50 亿欧元（59 亿美元）上升到 1988 年的 140 亿欧元（165.5 亿美元）。其中,104 亿欧元（123 亿美元）用于支持售后和维护,7 亿欧元（8 亿美元）用于支持民用飞机研发,29 亿欧元（34 亿美元）用于支持军事研发②。下文详细介绍的其他来源信息显示,政府对空客成员公司的直接和间接支持要大得多。

5.2.2.1　政府直接支持

空客公司声称:"空客公司与任何（西欧）政府均不存在任何特殊联系,也未接受任何财政资助。③"然而,空客公司的报告显示,尽管每家成员公司负责自己为所分配的研发工作进行融资,但大多数的初始资金或融资担保的研发费用是由相关成员国家政府提供的,这也符合双边协议中关于提供资金数量能够反映项目进展及还款计划要分解到特定数量的飞机中的要求④。空客公司报告说,在 A300 和 A310 项目中,政府的资助是没有利息的,但在偿还本金后,每个出资政府都有可以从随后出售的每架飞机中获得特许权使用费⑤。空客公司表示,目前的政府融资包括在出售飞机时支付给出资政府的利息和特许权使用费,并由空客公司分配售后收益⑥,而这不是通常商业贷款的典型结构。

直接支持是空客联合体成员国政府用来促进其航空产业的主要机制⑦。在提供这些支持的政府中,美国业界消息称德国提供的支持最

---

① Fischer, p. 21.

② Commission of the European Communities, annex pp. 14 - 15, tab 9.

③ "Responses of Airbus Industrie," p. 5.

④ 同上,p. 7。

⑤ 同上。

⑥ 同上。值得指出的是,尽管空客公司、法国宇航公司和法国交通部都被直接询问过,但似乎都无法就本金的利息收益达成一致。

⑦ Eberstadt, p. 185.

多,其次是法国,然后是英国。西班牙对西班牙飞机制造公司(CASA)的支持相对较小。因此,接下来的分析中将不纳入西班牙的案例①。

1992 年 3 月,美国政府回应欧盟对美国支持大型民用飞机产业的指控时指出,英国、法国、德国和西班牙政府自 20 世纪 60 年代末已拨款超过 135 亿美元,直接支持了英国航空公司、法国宇航公司、德国空客公司和西班牙飞机制造公司用于开发大型民用飞机,进而与美国制造商竞争②。这些支持通常用于飞机的研发资金,据称是以股本注入、低息贷款、贷款担保、研发和制造费用核销、汇率担保及经营损失核销的形式提供的③。

这些结论基于商务部委托戈尔曼研究公司编写的一份报告。该报告统计了各国政府按国家和项目提供给空客联合体成员公司的资金数额。它将支持细分为启动支持、已兑付支持,或其他承诺将在未来兑付的支持,然后从这些数字中减去联盟成员公司向其政府偿还的款项。报告指出,截至 1989 年,政府为空客 A300/310、A320 和 A330/340 项目的启动资助兑付总额为 54 亿美元④。报告指出,当时项目启动承诺但尚未兑付的资助总额(主要用于 A330/340 项目)近 23 亿美元。其他已兑付的支持总计 28 亿美元,而已承诺但尚未兑付的其他支持总计 30 亿美元。根据编写报告时的信息,联盟成员公司向政府偿还的款项总计为 4.624 亿美元。因此,这些资助加在一起,减去偿还的款额可得,承诺的资助净额为 131 亿美元。该报告还计算了戈尔曼所说

---

① Fischer, appendix pp. 63 - 64, figure 2.2.

② U. S. Department of Commerce, U. S. Government Response, executive summary, p. i。经济合作组织在 1990 年的报告中指出,"欧洲各国政府在 1970—1989 年间向空客公司提供了约 150 亿美元的直接支持。"OECD, p. 23。

③ 同上,p. 1; Gellman, pp. 2 - 1 through 2 - 23; and Tyson and Chin, p. 172。

④ Gellman, tab 2 - 1。

的这些政府支持的"机会成本"或者说真实价值①，以得出一个反映金钱的时间价值的数字，并更准确地反映这些支持。如果这笔资金基于商业规则，空客公司的成本会高得多。如果按照政府的借款利率②计算这笔借款，则 131 亿美元的成本会上升到 194 亿美元；而以私人借款利率计算这笔资金的真实价值，则将上升到 259 亿美元（见表 5.1）。

表 5.1　截至 1989 年法国、德国和英国政府对空客公司
飞机项目的资金承诺　　　　　　　　　单位：百万美元

承诺资金	法国	德国	英国	总计
启动兑付资金：				
A300/310	988.4	1 489.5	82.9	2 560.8
A320	755.2	790.3	393.9	1 939.4
A330/340	193.0	316.1	421.2	930.3
所有飞机	1 936.6	2 595.9	898.0	5 430.5
需兑付的启动资金：				
A330/340	682.9	1 264.5	325.0	2 272.4
总启动资金支持	2 619.5	3 860.4	1 223.0	7 702.9

①　此"机会成本"是考虑每个国家每年承诺的资金，以及每个国家政府和私有部门的借款利率，综合计算得出的数值，从而反映 1989 年政府支持的真实价值。因此，更恰当的术语是"真实价值"。
②　这个数字的计算方法是"利用每个国家政府的资金成本和私有部门借款利率来计算政府每年承诺资金的净余额，以反映 1989 年政府支持的真实价值"。Gellman，tab 2－1。

承 诺 资 金	法国	德国	英国	总计
其他兑付资金支持①	1 035.3	924.2	883.9	2 843.4
其他需兑付资金支付②	—	2 985.2	—	2 985.2
总支持承诺	3 654.8	7 769.8	2 106.9	13 531.5
至今还款金额	373.2	68.5	20.7	462.4
政府资金成本提供的净资金支持③	3 281.6	7 701.3	2 086.2	13 069.1
私人借款成本提供的	6 463.5	9 099.7	3 804.4	19 367.6
净资金支持③	9 961.2	11 589.1	3 979.8	25 851.5

资料来源：John W. Fischer, et al. *Airbus Industrie: An Economic and Trade Perspective* (Washington, DC: Congressional Research Service, Feb. 20, 1992), appendix, p. 61。

注：① 提供其他类型的支持，如股权注入、长期贷款、研发资金、生产补贴或其他杂费支持。

② 其他资金承诺用于生产补贴、汇率担保或资本注入。

③ 利用每个国家政府的资金成本和私有部门借款利率来计算政府每年承诺资金的净余额，以反映 1989 年政府支持的真实价值。

关于这些数字的准确性有很多争论。空客公司和欧盟均不同意美国的研究结论中关于启动支持和其他兑付支持或未来需兑付支持的内容。对于将"机会成本"或真实价值用于衡量这些数字以将其提高到更高的数额，人们也莫衷一是。委员会工作人员查看了这些数据的来源，并利用有关国家的政府预算以及与资金分配立法有关的立法和行政报告核实了包括已支付的启动支持和将支付的启动支持的金额。此外，得出这一结论的报告在分析和报告所列总数中的数据方面是透明的。到目前为止，无论是空客公司还是联盟成员的政府都没有直接反驳报告关于兑付启动支持的数据（即 54 亿美元这一数字），但也没有给出其他数据予以澄清①。美国政府委托开展的研究报告得出的结论与其他研究空客公司所获得政府资助的结论也基本一致②。

在美国委托的报告完成后，一些承诺但尚未支付的支持实际上没有兑付。

具体来说，德国没有兑付最初承诺的少量资金。此外，在报告完成后，法国公司偿还的资金略多于最初承诺的资金③。这些调查凸显出了在确定空客联合体成员的偿还款项方面困难重重。报告认为还款计划一般不对外公开；同时，由于公司后续行为存在不确定性，因此报告中的某些还款数字可能会出现不准确的情况。

此外，在计算政府对空客公司的支持时，"其他支持"应包括哪些内容也存在争议。美国政府委托编写的一份报告明确指出："其他支持"包括"股权注入、长期贷款、研发资助、生产补贴或其他杂费支持，如补偿汇率损失"④。该报告详细描述了欧洲政府项目中的此类"其他支持"。

基于上述因素，可以得出结论，美国委托编写的报告对某些数字做

---

① 然而，空客公司表示，美国政府所引用的 260 亿美元的数字是"夸大其词；空客成员公司获得的研发贷款总额只是这个数字的一小部分"，而且这些贷款正在偿还。Martin-Nagle，prehearing submission，pp. 7 - 8。事实上，德国垄断委员会承认"目前空客公司完全依赖补贴"。事实上，德国联邦政府承担了德国空客公司最大的创业风险。"West German Monopolies Commission Report，" p. 76。

② 例如，*Die zivile Flugzeugindustrie: Konkurrenz zwischen den USA und Europa*（Freie wissenschaftliche Arbeit zur Erlangung des akademischen Grades "Diplom-Kaufman" an der Friedrich-Alexander-Universität Erlangen-Nürnberg Wirtschafts- und Sozialwissenschaftliche Fakultät）；and Eberstadt，pp. 196 - 198，204 - 208。德国垄断委员会也就德国航空航天产业的补贴问题得出了结论，这些结论与美国委托编写的报告得出了相同的结论。"West German Monopolies Commission Report（providing the report and vote concerning the Daimler-Benz takeover of MBB）。"

③ 1993 年 6 月 3 日，戈尔曼研究公司理查德·哥勒斯索斯基在宾夕法尼亚州詹金顿接受美国国际委员会人员采访时所述。

④ Gellman，pp. 2 - 3，2 - 11；pp. 2 - 6，2 - 8～2 - 9，2 - 11 也有提及。

出轻微下调是合理的。然而,除了这些调整之外,该报告在对西欧政府提供的启动支持和将兑付支持方面的论述是准确的。事实上,从其他独立来源,包括空客联合体成员公司国家的政府机构获得的信息与美国委托报告所得出的结论是一致的①。

提高承诺和兑付的资金数额以反映这些政府支持产生的真实价值是否合理难有定论。如果空客联合体成员像波音公司和麦道公司那样,通过商业等非政府渠道获得资金,则通过西欧政府的融资成本无疑会更加高昂。因此,在评估所承诺和兑付的政府支持对竞争力所产生的影响时,必须至少考虑到某种程度的真实价值获益。无论是否对这些支持数额进行调整,政府对空客联盟成员的支持——甚至仅仅是对A300系列项目的资助——都是相当大的。

公开数据(包括西欧政府预算和报告)和行业专家报告显示,自1990年以来,这些政府资助一直在持续,尽管可能因为空客公司没有启动新的项目而数额略有下降②。例如,英国政府在1992—1993年拨付了3 100万英镑(约4 700万美元)启动资金支持A330/340客机和超过200万英镑(约300万美元)支持空客公司销售其他民用航空器(包括市场研究和促进出口)。同样,法国政府公司也为A330/340项目拨款8.95亿法郎(约1.56亿美元),并额外拨付1.7亿法郎支持CFM 56(A330/340的发动机项目)。这些例子只是力图说明正在讨论拨付的一些资金,并不包括可能拨付或承诺兑付的所有资金。德国的启动成本补贴将提前到A330/340项目的研发阶段,因此,这很可能成为其他预算的一部分。可以说,德国对其航空业的支持可能会因为MBB/戴

---

① OECD. *Internationalization of Industrial Activities*;"West German Monopolies Commission Report;"*Die zivile Flugzeugindustrie*; and Eberstadt,supra.

② Eberstadt,pp. 196 - 198,204 - 208.

姆勒-奔驰的合并而减少，因为"创业风险将从联邦政府转移到产业"①。

同样值得注意的是，西欧各国政府坚定承诺的某些资金尚未到位。虽然最近的欧洲委员会和美国之间的协议禁止政府未来提供制造支持，并严格限制政府未来对项目研发提供直接和间接支持（见本章后面关于飞机协议的讨论），在协议商定日前已经确定的但尚未支付的资金可以"不受新规影响"，在将来的某个日期支付。

美国商务部报告称，预计空客公司在推出新机型时将继续获得补贴②。空客公司反驳说，尽管已经收到了用于大型民用飞机开发的政府贷款，但这些贷款必须偿还，而且其最新机型 A321 的全部资金将来自商业市场③。其他来源表明，政府为空客联合体成员提供的资金主要通过对未来飞机销售的征税来偿还，这取决于空客公司与成员公司之间的还款条款，以及成员公司与其政府之间的关系，还款条款通常不对外公开④。然而，美国商务部表示："空客成员公司偿还政府支持资金的可能性很小。⑤"美国政府声称，在截至 1992 年 3 月提供的资金中，只有不到 10％得到偿还⑥。美国政府指出，美国的项目一般可供任何人审查和评论（公开透明），但不同的是，欧洲委员会的政策（以及空客联合体成员和支持政府之间模糊的财务关系）是不可审查的，也是不透明的⑦。

据称，政府对某些空客联合体成员公司的部分所有权还允许政府

---

① "West German Monopolies Commission Report，" p. 114.

② Menes，p. 7.

③ Martin-Nagle. prehearing submission，p. 27.

④ Gellman，pp. 2 - 5，4 - 2；and Fischer，appendix p. 165。例如，英国航空公司直到 1989 年都执行的是固定还款计划。Fischer，appendix p. 165。

⑤ U. S. Department of Commerce press release，Sept. 7，1990 (ITA 90 - 58)；以及 Menes，p. 7。

⑥ U. S. Department of Commerce. U. S. Government Response，p. 1.

⑦ 同上，executive summary，p. ⅲ。

大量注资入股①。

空客公司反驳了美国的补贴指控,指出根据《罗马条约》②第92条,空客联合体的两家成员公司是国有企业,即西班牙飞机制造公司(CASA)和法国宇航公司,但不会获得其国家政府提供的援助,从而影响欧洲委员会内各企业的竞争。空客公司进一步指出,根据《罗马条约》第93条,欧洲委员会"必须不断审查12个成员国现有的所有支持制度,审查特定支持的审批,如发现不符合第92条规定,可予以禁止"③。

5.2.2.2 政府间接支持

空客联合体成员国保有大型、昂贵的研究和测试设施,并开展通常不会由单个公司进行的研究(见第6章)④。美国政府认为,英国航空航天公司、德国空客公司和法国宇航公司正在进行与超声速飞机有关的研究,这些研究是由西欧工业技术基础研究/欧洲先进材料研究(Brite/Euram)计划资助的⑤。与空客公司相关的西欧公司既独立生产军用飞机(法国宇航公司和英国航空航天公司),又联合生产军用飞机(MBB和CASA)⑥。其他消息来源证实了这一点,并表明空客公司从大型民用飞机销售中获得的间接补贴比例远远高于美国大型民用飞机制造商⑦。

---

① U. S. Department of Commerce. U. S. Government Response, executive summary,p. iV。

② "Responses of Airbus Industrie," tab I。值得注意的是,空客公司在欧洲共同体内可能没有竞争对手;因此,很难证实不正当竞争的存在。

③ "Responses of Airbus Industrie," tab I。

④ Eberstadt, p. 177.

⑤ U. S. Department of Commerce. U. S. Government Response, p. 17.

⑥ OECD, p. 6.

⑦ "Indirect Government Subsidies to Airbus" (draft by the Boeing Commercial Airplane Group),p. 3。经济合作组织在1990年的报告称"欧洲各国政府支持国内生产和联合制造的军用飞机项目,其中政府采购占航空航天产出的65%以上。"OECD, p. 23。

消息源指出，1980—1989 年，三家空客主要成员公司从间接支持中获得的总收益约为 42 亿美元①。

欧洲委员会报告称，航空产业是唯一一个从政府获得超过 50％研发资金的行业②。然而在此评述发表之时，由于产量上升，西欧政府对航空业研发的资助体量正在逐步下降。

5.2.2.3　军事合同和政府设施使用

与美国大型民用飞机制造商的情况一样，西欧军用飞机制造商也经历了一定的协同效应，并将其应用到民用飞机生产中。美国政府在回应欧洲委员会委托编写的报告时指出，空客联合体公司与支持政府有重大的政府和军事合同，因此，可以从这种关系中获得与美国制造商履行美国政府和军事合同时相同的利益③。美国政府的回应指出，得益于更自由的政府采购政策和竞争更低的销售环境，西欧公司在军机市场可获得大量的盈余资金，继而用于大型民用飞机市场④。

美国政府的回应还指出，空客联合体的成员公司可以广泛使用政府拥有或资助的研发设施，例如价格优惠的风洞⑤。据一位消息人士估计，使用政府拥有的设施为空客联合体的成员公司节省了数亿美元⑥。使用政府设施的西欧公司声称这些指控是虚假的，并辩称他们是按市

---

①　"Indirect Government Subsidies to Airbus," p. 6, appendix B, tab 1.

②　Commission of the European Communities, annex p. 14.

③　U. S. Department of Commerce. U. S. Government Response, executive summary, p. Ⅳ. 美国政府宣称从 1987—1990 年，政府销售占德国宇航公司总收入的 54％，占英国宇航公司总收入的 50％，占法国宇航公司总收入的 49％。在 20 世纪 80 年代，四家空客联合体的成员公司获得了至少 850 亿美元的政府合同。同上，pp. 2，16，executive summary，p. Ⅳ。

④　同上，pp. Ⅳ，16。美国政府指出，"空客联合体的成员公司为多个项目（如欧洲战斗机、龙卷风、鹞式战机、特兰泽运输机、欧洲直升机、赫尔墨斯和森格尔空天飞机）研发机体、航电设备、发动机和其他航空技术"。同上，p. 5。

⑤　同上，pp. 3，17。

⑥　"Indirect Government Subsidies to Airbus," pp. 11 - 13.

场费率付费的①。

在 1990 年，一个消息来源估计空客联合体的成员公司已经获得了 91 亿美元的军事研发合同②。欧洲委员会的报告说：

> "军工研发是最烧钱的。军工研发部分涉及特定军事应用领域，但大多数基础研究是可以实现军事和民用两种用途的。这就解释了军工硬件生产的重要性，因为这可以作为支持民用飞机领域创新的一种形式。"③

该消息来源还声称，空客成员公司不需要采取补偿措施（即由成员公司支付从军工部门到民事应用的溢出费用）④。事实上，欧洲委员会指出，1990 年，军事装备占西欧航空制造的主要份额，而且 1982 年之前⑤，西欧航空产业的增长主要得益于军事装备。

如前文所述，美国大型民用飞机产业对于协同效应和同时生产军用飞机和大型民用飞机的限制，也同样适用于西欧⑥。事实上，因为与美国相比，西欧的国防开支水平相对较低，因此协同效应可能更少，尽管西欧的大型民用飞机公司可以说比他们的美国同行对军工部门的依赖性更强⑦。

5.2.2.4 销售支持与干预

拥有本国航空公司的西欧各国政府可以影响这些航空公司的飞机

---

① 1992 年 12 月 2 日，航空航天研究协会有限公司首席执行官约翰·格林在伦敦接受美国贸易委员会工作人员采访时所述。

② "Indirect Government Subsidies to Airbus," p. 7，tables 2，3。

③ Commission of the European Communities，annex p. 14。

④ "Indirect Government Subsidies to Airbus," p. 8。

⑤ Commission of the European Communities，annex p. 9。

⑥ Eberstadt，p. 173。

⑦ 同上，p. 173。

购买决定①。美国大型民用飞机产业还指责空客联合体成员的政府还施加了其他影响。有消息指出，西欧各国政府采取了各种优惠措施来促进空客公司大型民用飞机的销售②。据报道，这些国家政府向潜在的空客公司客户提供了着陆权、航线、区域经济援助、贸易协定、分包补偿、低利率融资，以及有吸引力的出口信贷援助等优惠政策③。另有报告指出："其他的政策涉及'高级政治'，例如在法国向南非提供军事援助后向其搭售民机，以及法国利用其亲阿拉伯政策而向中东国家出售民机。"④委员会工作人员调查了这些关于销售支持和政府干预的指控的真实性，并收到了对其中一些指控的反馈。但是，委员会无法核实或反驳这些指控。

5.2.2.5　对美国大型民用飞机产业竞争力的影响

美国政府认为，西欧国家政府对空客公司直接支持的主要目的是降低空客公司大型民用飞机在国际市场上的制造和销售成本，从而扭曲贸易，损害美国民用飞机产业⑤。麦道曾断言，空客公司的成功导致了美国航空领域数千个工作岗位的流失，从而对美国制造商及其分包商的盈利能力造成了巨大的压力，此外还导致新的美国大型民用飞机项目的延迟和取消，并推动了美国大型民用飞机项目向风险共担和全

---

① 　Eberstadt，pp. 92 - 91；and Menes，p. 11.

② 　Tyson and Chin，p. 175.

③ 　美国民机产业声称或报道了有关此类优惠的传言，但尚未对西欧各国政府采取行动。1992 年 9 月，美国大型民用飞机产业官员接受国际贸易委员会工作人员采访时所述。

④ 　Mary Ann Rose. *Airbus Industrie: High Technology Industrial Cooperation in the EC-Structure，Issues，and Implications with a View Towards Eurofar*，paper for conference on the European Community in the 1990s，Emerging Concepts and Priorities，George Mason University，May 24 - 25，1989，（San Jose，CA：San Jose State University Foundation for NASA Ames Research Center，May 1989），p. 25.

⑤ 　U. S. Department of Commerce，U. S. Government Response，p. 1，executive summary，ⅰ-ⅱ.

球化的方向发展①。

美国委托的报告指出,西欧政府向空客成员公司提供的贷款降低了空客公司将新产品推向市场的财务风险②。美国制造商表示,他们的产品必须具有价格竞争力、技术先进、售后支持有力,所有这些都是以产品的销售价格为基础的③。美国委托的报告指出,长期来看,由于政府向空客成员公司提供支持,美国大型民用飞机制造商可能无法获得其投资资本的市场回报率,并将无法维持当前的行业运营水平④。这是由于每年订购和交付的大型民用飞机数量有限,以及大多公司无法销售足够的飞机以实现单位生产成本下降并覆盖其"沉没成本"⑤。报告的结论是,如果空客公司按照商业规则开展其近期和未来的项目,将会缓和对竞争对手和航空公司客户的长期负面影响⑥。

5.3 可能间接影响大型民用飞机竞争力的政府项目和法律

5.3.1 税收政策

空客公司和美国大型民用飞机产业都没有指出欧洲和美国不同的税收制度是影响竞争力的一个重要因素。欧洲和美国的税收体系对大型民用飞机制造商的影响是复杂的,本书内容无法对此进行全面的描

---

① Robert H. Hood, Jr., president, Douglas Aircraft Co., posthearing submission on behalf of McDonnell Douglas Corp., pp. 18-19.

② Fischer, pp. 14-15.

③ 同上,以及 Eberstadt, p. 210。

④ Gellman, p. 5-1。

⑤ 同上,pp. 5-1, 5-2。

⑥ 同上,p. 5-3。

述或分析。如果不考虑整个税收体系的更大背景，直接比较美国和外国的税率可能毫无意义。例如，一个应纳税所得额名义税率高但有许多扣除和抵免机会的国家，其实际税率可能比另一个应纳税所得额名义税率高但扣除或抵免机会少的国家低。同样，如果某一行业利润或应纳税所得额较低，针对该行业的自由减免和信贷制度就可能收效甚微或毫无益处，也会很难吸引额外投资。

此外，大型民用飞机制造国家的州和地方政府征收各种税，包括所得税，这对总体税收水平有影响。因此，本节仅限于简要描述美国和欧洲税法的关键特征，特别是那些对大型民用飞机制造商有重要影响的条款。

5.3.2　美国税收优惠

虽然美国没有专门适用于航空业的税收计划，但欧洲委员会委托编写的报告描述了美国税法的某些条款，包括加速折旧、研发税收抵免，以及其他可以为美国大型民用飞机产业带来间接好处的税收条款。该报告指出，美国大型民用飞机产业利用确定合同收入何时纳税的完成合同法（CCM），以及国内国际销售公司法（DISC）和外国销售公司法（FSC）等措施，能够递延收入，获取税收优惠。报告还称，投资税收抵免（从 1986 年开始生效）有利于美国大型民用飞机产业，美国大型民用飞机公司的企业所得税税率很低（一般为 34%，但实际上利用外国销售公司、研发抵免和各种扣除后[1]会更低）。欧洲委员会估计，波音公司获得的税收优惠总额约为 17 亿美元，麦道公司为 14 亿美元[2]。然而，波音公司 1991 年年度报告指出，该公司利用外国销售公司获得的税收优

---

[1]　The Boeing Co.，1992 Annual Report，pp. 23，40，以及 McDonnell Douglas Corp.，1991 Annual Report，pp. 43 - 44。

[2]　Arnold and Porter，p. 3.

惠为 7 050 万美元[1],约占当年收入 22 亿美元的 3.2%。以同样的方式计算,波音公司 1992 年的税收优惠相当于 8 700 万美元,约占当年收入 23 亿美元的 3.8%[2]。有消息称,利用外国销售公司获取税收优惠的方式仍在继续[3]。

美国政府对欧洲委员会的指控提出质疑,认为:① 调查结果没有考虑到所讨论的税收优惠普遍适用于所有行业;② 因使用不正确的税率而夸大了所谓的税收优惠;③ 类似政策有利于欧洲委员会国家的公司[4]。美国政府还指出:"根据国际法,人们很容易理解并认同,这种普遍的税收优惠不是补贴,也不会造成贸易扭曲效应。[5]"航空航天工业协会(AIA)认为美国税收政策对签署长期制造合同的行业不利,航空行业即为该类企业。这是因为在最近的税制改革过程中,未能删除一些不恰当的条款,或未充分纳入研发和投资税收减免的条款。据称,目前的税收制度对航空业的影响更大,因为该行业生产的特殊用途产品需要高科技和大量的研发资金投入,以及长时间的制造[6]。

5.3.3　西欧税收优惠

空客公司声称,其 4 个成员公司所属国中没有一个提供专门针对

① The Boeing Co. , 1991 Annual Report, pp. 38, 44。波音公司 1990 年年度报告显示,利用外国销售公司措施,该年度的税收优惠约为年度收入(20 亿美元)的 4.9%,约 9 660 万美元。The Boeing Co. , 1990 Annual Report, pp. 38, 44。空客公司估计,根据波音公司和麦道公司的年度报告,1986—1991 年,外国销售公司措施为波音公司节省的税收约为 3.5 亿美元,为麦道公司节省的税收约为 1 亿美元。Martin-Nagle, posthearing submission, p. 6。

② The Boeing Co. , 1992 Annual Report, pp. 34, 40.

③ *Commercial Aviation Report*, Apr. 1, 1993, pp. 11 - 13,以及 May 1, 1993, p. 19.

④ U. S. Department of Commerce, U. S. Government Response, pp. 22 - 23, executive summary, p. ⅲ.

⑤ 同上,pp. 2 - 3。

⑥ Submission from Aerospace Industries Association of America, Inc. , Feb. 1993, p. 25.

航空航天制造商的免税优惠①。然而，美国政府的回应表明，空客公司的成员公司已从税收优惠中受益，类似于欧盟声称美国公司获得的所谓好处，如研发设备的加速折旧②。然而，由于西欧公司没有披露财务情况的要求，只能提供估计的税收优惠。

一名消息人士指出，空客公司的成员公司所属国享有广泛的税收和非税收优惠项目③。该来源指出，所有成员公司都可以享受研发固定资产的加速折旧，法国和西班牙出台了针对研发支出设定抵扣项，延迟对国外子公司的税收，免除经济萎靡地区的营业税和划定企业区内消费税等一系列措施④。在法国、德国和英国，以下非税收激励措施一般适用于所有行业：① 研发创造就业补贴；② 低息房屋、厂房贷款；③ 培训补贴；④ 低息设备融资；⑤ 出口信用保险；⑥ 汇率担保；⑦ 营销成本保险⑤。与美国的规定不同，西欧和空客成员公司的税收披露是有限的。因此，对税收优惠影响的讨论必须是一般性的，而不能针对西欧大型民用飞机产业。

在欧洲共同体成员国内出售的大多数商品和服务的价格都包括增值税或消费税（VAT）。1993 年，适用于大多数商品和服务的欧盟"标准"增值税最低税率从价额为 15％。在欧洲共同体现行制度下，增值税适用于商品（或服务）消费的成员国，与其在哪国生产没有关系，也就是说，无论是在成员国还是在欧洲共同体以外的国家，都不适用。出口的

---

① "Responses of Airbus Industrie," tab I.

② U. S. Department of Commerce，U. S. Government Response，p. 3.

③ "Indirect Government Subsidies to Airbus," p. 8.

④ 同上，appendix D, p. 9。

⑤ 同上，p. 10；参见 Ian McIntyre. *Dogfight: The Transatlantic Battle over Airbus* (Westport，CT：Praeger Publishers，1992)，p. 125（citing a recent study by the international firm of chartered accountants，Coopers and Lybrand，*Tax and Non Tax Incentives Available in the Countries Participating in the Airbus Enterprise*，May 5，1988）。

货物和服务在边境都是"零关税",也就是说,任何已支付的增值税都会被退税。因此,就飞机而言,从欧委会出口的空客公司飞机所支付的任何增值税在边境都会打折扣,但适用的增值税税率是对所有进口飞机都会征收的。增值税税率因成员国而异,但在 1993 年初,适用于大多数商品的"标准"税率在德国和其他几个成员国低至 15%,在丹麦高至 25%。虽然美国许多州会征收销售税,但美国没有增值税或在边境退税的等值税[①]。

增值税给空客公司带来的好处相对美国生产商在欧盟和第三市场的优势尚不清楚。欧盟增值税体系提供了一个优势,即增值税可以代替其他税收,如所得税。否则,空客公司及其合作伙伴将必须支付所得税,且这一税收既无法在边境获得退税,美国生产商出口同一商品时也无法获得退税。因此,当美国制造商和空客公司在欧洲共同体市场竞争时,他们都将在报价中包括了欧洲共同体增值税,但美国飞机价格也可能反映某些美国税收(如联邦和州企业税),而这些税收在美国是无法获得退税的。类似地,当两家公司在第三方市场竞争时,空客公司可以将大部分国内增值税义务排除在其价格之外。

5.3.4　有关出口活动的政策

5.3.4.1　促进出口政策

大型民用飞机制造国的一般出口促进计划不太可能对大型民用飞机制造商的竞争力产生影响[②]。

---

① 有关这些问题的进一步讨论,请参阅 U. S. International Trade Commission. *The Effects of Greater Economic Integration Within the European Community on the United States: Fifth Followup Report*,investigation No. 332 - 267(Apr. 1993),USITC publication 2628,pp. 127 - 132。

② U. S. General Accounting Office(GAO). *Export Promotion: A Comparison of Programs in Five Industrialized Nations*(Washington,DC:GAO,June 1992)。

出口计划影响的竞争通常包括高层政治支持、直接或间接的政府支持、税收政策和出口融资（下文将讨论）。友邦保险公司指出："美国政府没有为其航空航天出口商提供一贯的高层次政治支持，而这些支持通常是由美国政府提供给其竞争对手的。"①报告指出，美国政府可能不太愿意支持美国大型民用飞机出口的部分原因是，美国生产商们可能会在海外同场竞标销售，而美国政府可能不想选择竞标的获胜者②。

5.3.4.2　出口融资

1）背景

法国和德国等西欧国家通过区域办事处网络非常容易获得信用保险和出口融资，出口商可以在这些区域办事处获得出口融资援助③。此外，许多西欧国家基于准入机制给获准企业提供信贷以减少对出口融资的限制。政府需要对支持哪些行业做出统筹和长期的规划，然后提供足够的资金和行政自由来支持这些企业开展出口业务。

美国政府问责署（GAO）最近的一份报告得出结论说，在美国，出口融资的可获得性受到准入和应用限制的约束。美国进出口银行是通过提供贷款、贷款担保和信用保险促进美国出口的最重要机构。美国政府问责局的报告指出，与许多西欧同行相比，美国进出口银行将其资源集中在更狭窄的出口交易范围上，向美国进出口银行寻求援助充满了文书工作、不确定性，处理时间也较缓慢。尽管存在这些所谓的缺陷，美国进出口银行仍然被认为是对大型民用飞机等美国企业的援助出口融资的主要来源。

---

① Submission from the Aerospace Industries Association of America, Inc., Feb. 1993, pp. 29, 42（commenting on Department of Defense support for air shows and national demonstrations）.

② 同上，p. 29。

③ "Indirect Government Subsidies to Airbus," appendix C, p. 3（与出口有关的投资和现金流需求的融资通常是享受优惠利率或补贴利率的）。

2）大型民用飞机出口融资

进出口银行报告说,它支持了美国大型民用飞机产业的一些出口交易[1]。从 1987—1991 年,进出口银行为 26 架美国生产的飞机提供了担保,其中 6 架交付巴林,6 架交付希腊,2 架交付哥伦比亚,4 架交付摩洛哥,3 架交付阿尔及利亚,3 架交付南斯拉夫,2 架交付津巴布韦[2]。

虽然进出口银行实际上是在与法国、德国和英国的出口信贷机构竞争,但空客公司和美国的各种制造商的官方融资系统是相似的。事实上,据报道,所有机构都遵循大型飞机协议(LASU)中概述的官方支持出口信贷为大型民用飞机销售或租赁融资的指导方针[3]。LASU 规范了允许的出口融资条件。由于 LASU 和飞机购买方式的改变,出口融资已成为"不那么重要的政策工具"[4]。1990 年经济合作组织的一份报告指出,有了 LASU,经济合作组织内政府支持的出口融资实际上作为竞争优势的手段已被淘汰[5]。

政府支持的出口融资作为一个竞争因素,其重要性也在下降,因为私人银行购买飞机贷款的利率接近政府支持的出口融资利率[6]。在与

---

[1] 1993 年 2 月 10 日,美国国际贸易委员会工作人员对进出口银行官员的电话采访。一般来说,进出口银行向银行或其他金融机构提供还款担保,然后由银行或其他金融机构为机身和喷气发动机制造商提供资金,并向参与出口销售活动的飞机制造商和考虑购买美国飞机的外国航空公司提供关于飞机产品的初步承诺。如果没有这些担保,由于商业和政治风险等因素,金融机构很可能不会愿意提供融资。

[2] Aerospace Industries Association of America, Inc., *Aerospace Facts and Figures: 1992—1993* (Washington, DC: The Aerospace Research Center, Aerospace Industries Association of America, Inc., 1992), p. 136.

[3] 为了防止昂贵的竞争性出口融资,美国和欧洲政府于 1981 年制定了一项双边协议,该协议于 1985 年在经济合作组织正式生效,称为大型飞机协议。它设定了政府为购买大型民用飞机提供贷款的最大期限和最低利率。Tyson and Chin, p. 175。

[4] 同上,p. 175;和听证会录音文本,pp. 156 - 157。

[5] OECD, p. 18。这些结论得到了美国大型民用飞机产业和空客的支持。Martin-Nagle, prehearing submission, p. 8; transcript of hearing, pp. 156 - 157, 236 以及 1992 年 9 月,美国国际贸易委员会工作人员对美国大型民用飞机产业高管的采访。

[6] Eberstadt, pp. 99 - 100, 224.

信用不高的外国航空公司或政治风险高的市场进行交易时,空客公司出口信贷机构和进出口银行偶尔会依赖制造商承担交易中涉及的部分风险。近年来,许多由进出口银行协助的大型民用飞机交易都是商业银行退出某些类型的交易市场所导致的。目前,进出口银行是唯一一家可以促进美国飞机出口的政府机构,也是这些出口的主要财政支持来源。尽管美国大型民用飞机制造商偶尔抱怨进出口银行没有尽力促进其出口[①],但进出口银行官员表示,他们不知道在过去 4 年里,有任何出口交易因融资支持不足而被空客公司抢走。

5.3.4.3 出口管制

多边出口管制协调委员会对航空电子设备及相关材料的现行控制

多边出口管制协调委员会（COCOM）是北大西洋公约组织（北约）[②]成员国（不包括冰岛）和日本之间非正式安排的产物。因此,COCOM 的规定不具有法律约束力,成员国有权独立采取行动加强或削弱国内的执行法律。COCOM 的 3 个主要职能：① 建立和维护不得向受管制国家出口的禁运技术清单；② 处理成员国向被禁国家出口受管制货物的请求；③ 协调成员国的出口政策和执法机制。

COCOM 并不公开清单,但其内容在很大程度上反映在成员国的出口管制清单上。在美国,《商品管制清单》（CCL）是出口管制信息的重要来源。CCL 包括航空电子设备、材料、推进系统和运输设备等经过验证的许可证要求。

《商品管制清单》通过其编码系统出口管制分类号（ECCN）规定了根据《出口管制条例》限制出口的商品,其中许多是飞机部件和导航设

---

① 麦道公司指出,进出口银行"需要采用与航空航天出口给美国经济带来的整体利益相一致的信贷标准",并需要增加其贷款担保权限。Hood, p. 30。

② 美国和空客公司的所有合作伙伴和附属成员公司的政府都是北约成员国。

备。对于此类产品,出口到大多数国家都需要经过验证的许可证①。ECCN 包括大型民用飞机并限制其出口到古巴、柬埔寨、朝鲜、越南、利比亚、叙利亚、伊朗和南非的军队及警察。美国工业界表示,如果没有伊朗、古巴和越南的出口管制,美国大型民用飞机制造商将会进军这些市场②。美国工业界指出,美国的出口管制是一个颇有争议的话题,而且国防部、商务部、财政部和国务院的联动机制过于耗时③。美国产业界担心,美国出口体系中某些隐晦的方面也会带来麻烦④。例如,国会信息、行政黑名单以及某些限制性领域缺乏盟友支持,可能会阻碍了美国民用飞机的销售。美国制造商也担心这些因素会导致他们被贴上"不可靠供应商"的标签⑤。

根据再出口条例,出口管制受到治外法权待遇。再出口条例主要处理与出口受到限制的零部件有关的问题。当含有原产于美国的组件的最终产品从美国以外的国家出口到一个出口管制国家时,如果美国制造的组件占最终产品价值的 20%～25%,美国将对其实施出口管制⑥。

因此,当空客公司的成品中美国组件达到足够百分比(空客公司声称为 10%)时,它将受到美国出口管制法律的约束。事实上,空客公司为了能够向伊朗出售两架包含美国通用电气公司(GE)生产的发动机

---

① 15 C. F. R. sec. 785.

② 1992 年 12 月 18 日和 1993 年 2 月 23 日,美国国际贸易委员会工作人员对美国大型民用飞机产业高管的采访。

③ 1992 年 9 月,美国国际贸易委员会工作人员对美国大型民用飞机产业高管的采访。举个例子,美国出口管制法律据称导致,印度要求其国有航空公司在承诺购买美国产品之前考虑(所谓的)无数的出口管制法律和它们制造的具有明显的不稳定性飞机。

④ 1992 年 9 月,1992 年 12 月和 1993 年 2 月,美国国际贸易委员会工作人员对美国大型民用飞机产业高管的采访。

⑤ 1992 年 12 月 18 日和 1993 年 2 月 23 日,美国国际贸易委员会工作人员对美国大型民用飞机产业高管的采访。

⑥ 同上。

的 A310 飞机①，必须开展一些有力的游说。

当空客公司使用美国部件（如 GE 喷气发动机）制造大型民用飞机时，空客飞机受美国对这些特定部件的出口管制，而不是受美国对整个飞机的出口管制。空客公司宣称，搭载空客飞机的美国发动机比搭载波音飞机的美国发动机受到了更严格的再出口限制（由于国家安全和导弹技术，发动机受到限制）。由于这些限制，空客公司称其被剥夺了"大量收入"，并需要"小心遵循美国出口管制的精神和意图"②。空客公司作为一个欧洲实体，也受委员会要求的约束。因此一些人认为，像空客这样的公司不愿意使用美国产的零件，尽管 GE 的发动机取得了成功③。

据悉，由于美国单方面实施的出口管制法比 COCOM 和其他国家的出口管制法限制性更强，美国的产业在竞争中处于不利地位。

如果不实行多边出口管制，美国制造商目前被禁止的销售市场将流向其竞争对手——空客公司。美国制造商认为，由于美国的出口管制，它们的"不可靠供应商"形象使它们处于不利地位④。例如，波音公司最近收到来自利比亚等受控国家的航空公司客户的消息，抱怨美国的出口管制使他们的波音飞机年久失修，无法使用。许多航空公司高管已经通知波音公司，他们多年前在实施出口管制之前购买的波音飞机已无法获得适当的支持服务⑤。

---

① 1993 年 2 月 9 日，北美空客公司高管美国国际贸易委员会工作人员电话采访；1993 年 2 月 9 日，波音公司高管接受美国国际贸易委员会工作人员电话采访。

② Martin-Nagle, prehearing submission, p. 13，以及 Martin-Nagle, posthearing submission, p. 8。

③ Transcript of hearing, pp. 238 - 239，以及 Eberstadt。

④ Submission from the Aerospace Industries Association of America, Inc., Feb. 1993, p. 37.

⑤ 1993 年 2 月 9 日，美国国际贸易委员会工作人员对波音公司高管的电话采访。

5.3.5　反托拉斯法及竞争与合并政策[①]

全球主要生产商都没有成为过反垄断行动的对象，而且在可预见的未来也不可能出现这样的情况。此外，美国现有的两家大型民用飞机生产商都没有提到美国政府反托拉斯政策会对竞争造成重大影响。大型民用飞机产业的主要参与者之间并未提出合并，因此美国司法部没有对任何一项合并表示过反对或批准，但是美国司法部对此类合并具有管辖权[②]。然而，某些反垄断问题值得在此简要论述。

AIA 断言，《美国反垄断法》"不适合于"航空产业等以全球化生产、市场和竞争对手为特征的行业[③]。AIA 补充说，尽管 1984 年的《国家合作研究法》允许进行某些形式的联合研发，但美国航空航天产业仍然受到反垄断限制，不允许其国内企业开展合作，生产和销售联合研发项目的产品[④]。

某些分析师指出，美国大型民用飞机产业可能会受到《美国反垄断法》的影响，该法通常限制竞争对手在研究活动中的合作，据称会使许多美国企业"不了解空客公司所享受的合作过程"[⑤]。一份报告也得出了类似的结论，认为美国的反垄断政策抑制产业内交互，进而会削弱美国航空产业的竞争力[⑥]。

关于西欧竞争政策的一个有争议的问题是欧盟委员会有争议地批

[①]　有关欧盟反托拉斯法与竞争和合并政策最新变化的深入分析，见 USITC's forthcoming *EC 1992 5th Followup Report*，section on EC competition law。

[②]　据报道，在 1991 年底，麦道公司通过向台湾航空航天公司出售了其 40% 的股权来缓解其不利的财务状况。该交易目前没有被积极考虑（见第 2 章）。

[③]　Submission from the Aerospace Industries Association of America，Inc.，Feb. 1993，p. 51.

[④]　同上。

[⑤]　Rose，p. 33.

[⑥]　Council on Competitiveness. "A Competitive Profile of the Aerospace Industry," research paper for *Gaining New Ground: Technology Priorities for America's Future* (Washington，DC：March 1991)，p. 2.

准了德国政府对于戴姆勒-奔驰公司的私有化交易①。尽管欧盟委员会指出，补贴通常是不被允许的，但它裁定，在面对美国从研究和研究合同中获得的间接补贴时，补贴有助于维持欧洲的竞争力，因此应予以豁免，因为它们促进了欧洲的共同利益②。

美国向关贸总协定（GATT）补贴委员会的一个小组提交了汇率问题争端解决申请，并寻求解决方案，该小组做出了对美国有利的裁决③。该小组发现，西欧政府所提供的资金支持没有任何偿还和计息的规定，也不收取任何行政费用④。

5.3.6　环境法律

一般来说，参与空客联合体的西欧国家都拥有类似于美国的环境法律和法规。因此，预计美国和西欧的环境法律法规对空客公司、波音公司和麦道公司的活动也会产生类似的影响。经济合作与发展组织最近的一份报告得出结论，美国、法国、德国和英国的污染减少和控制支出占 GDP 的比例相当⑤，且 1990 年的比例如下：美国占 GDP 的

---

① 德国空客公司是 MBB 的子公司。德国政府此前持有 MBB 30％的股份，但后来将股份出售给了戴姆勒-奔驰，戴姆勒-奔驰组建了新的子公司，以取代戴姆勒-奔驰旗下的德国空客公司。Rose, p. 29。德国政府希望摆脱对德国空客公司的损失，而戴姆勒-奔驰则担心收购后的汇率损失。该方案包括德国政府承诺，如果美元跌至 1.6 马克以下，德国政府将弥补汇率损失。Fischer, p. 38（citing The Bureau of National Affairs. "Yeutter Criticizes German Decision to Provide Risk Support for Daimler Benz Airbus Venture," *International Trade Reporter*, Nov. 16, 1988, p. 1498）。根据其他条款，德国政府拨付戴姆勒-奔驰 40 亿马克（22 亿美元）注销未偿债务。

② Rose, pp. 29 - 30.

③ U. S. International Trade Commission. *The Year in Trade: Operation of the Trade Agreements Program 1991*, *43d Report*（Aug. 1992），USITC publication 2554, pp. 45 - 46.

④ Fischer, p. 3.

⑤ OECD. *Environment Monographs*, summary tab 1（draft prepared by the Environment Policy Committee and Directorate for the forthcoming report on "Pollution Abatement and Control Expenditures in OECD Countries"）。经济合作与发展组织在分析 PAC 的投资支出占固定资本总额的比例时得出了类似的结论。同上，tab 2。

1.4%,法国占 GDP 的 1.0%,德国占 GDP 的 1.6%,英国占 GDP 的 1.5%[1]。然而,诸如此类的环境成本可能不包括环境合规诉讼的成本。此类诉讼费用可能相当可观,尤其是在美国。

除了第三阶段噪声的要求(见第 3 章),没有针对飞机的其他环境法规报告。因此,大多数环境法规对大型民用飞机制造商的影响,并不比它们对处境相似的制造业和高科技产业的影响大[2]。

由于普遍适用的环境要求的影响,美国制造商和空客联合体成员都有类似的商业成本。例如,波音公司高层官员描述了该公司最近在试图获得扩建华盛顿州工厂的施工许可时遇到的困难,该工厂将建造新的波音 777 运输机。据报道,波音公司花了 18 个月的时间才获得必要的许可[3],且除了向华盛顿州的埃弗里特市支付超过 300 万美元的咨询费之外,预计波音公司还支出了 5 000 万美元的环境和其他缓解费用[4]。麦道公司也对其在加利福尼亚州面临的严格的环境要求表示担忧,特别是对使用有毒油漆喷涂飞机的限制[5]。据报道,一个专门处理加州环境监管程序对该州航空航天产业竞争力的影响的特别工作组即将成立。在编写本报告时,该工作组还没有为完成任何报告

---

① Fischer, tab 1。

② 在这方面,美国航空航天工业协会估计,按照 1990 年《清洁空气法修正案》的规定,引入应对危险化学品的最大可行控制技术(MACT)将花费航空产业"数十亿美元的初始资本,并将显著增加设施的年度运营成本"。Submission from the Aerospace Industries Association of America, Inc. , Feb. 1993, p. 10。

③ *Aviation Week & Space Technology*, Mar. 8, 1993, p. 11.

④ 同上。

⑤ 一项关于加利福尼亚州某些行业竞争力的研究注意到了这些问题。Council on California Competitiveness, *California's Jobs and Future* (Apr. 23, 1992), p. 101。因满足环保要求而对企业竞争力造成的影响已成为加利福尼亚州政府研究的重点。Task Force on Regulatory Streamlining, *Report of the Council on California Competitiveness* (Apr. 23, 1992), and State of California Secretary for Environmental Protection, *Draft Recommendations for Consolidating and Streamlining the Cal/EPA Permit Processes* (Mar. 16, 1992)。

制定时间表①。

第三阶段噪声规定是针对航空公司和机场的，涉及噪声限制。1992年，欧盟委员会发布了一项指令，协调在欧盟相关机场运营的民用亚声速飞机的噪声排放标准②。

该指令要求飞机符合《国际民用航空公约》规定的特定噪声标准。作为该指令基础的欧洲共同体委员会提案③适用于在欧洲共同体机场运营的所有飞机，而不仅仅是通过成员国许可的飞机。因此，限制措施将影响空客公司和美国大型民用飞机制造商。

一位消息人士表示，提高噪声限制实际上可能会改善大型民用飞机制造商的状况，因为许多不符合噪声限制的老飞机将不得不进行改装或停用④。在这种情况下，航空公司更有可能购买符合新的噪声要求的新飞机；然而，这并不会使某一家制造商更有优势。

5.3.7 反海外腐败法

1977年《反海外腐败法》将向外国低级官员支付微不足道的小额报酬的行为定为犯罪。《反海外腐败法》的治外法权效应一直被批评，其原因是在贿赂成为普遍商业行为的国家使美国企业处于劣势⑤。尽

---

① 1993年6月，美国国际贸易委员会工作人员对加利福尼亚州环境保护局官员的电话采访。

② *Council Directive 92/14/EEC of 2 March 1992 on the Limitation of the Operation of Aeroplanes Covered by Part II, Chapter 2, Volume 1 of Annex 16 to the Convention on International Civil Aviation, Second Edition*(1988), OJ No. L 76 (Mar. 23, 1992).

③ 例如，*Proposal for a Council Directive on the Limitation of the Operation of Chapter 2 Aeroplanes, COM*(90) 445, OJ No. C 111 (Apr. 26, 1991)。

④ Fischer, p. 11 (citing "Airweather Friends," *Flight International*, Oct. 16, 1991, p. 42).

⑤ Barton Fisher, *International Trade and Investment* (Boston: Little, Brown & Co., 1986), pp. 571 – 572.

管《反海外腐败法》允许向代表国内企业行事的任何外国代理人支付报酬,但禁止国内企业为影响高级官员而向代理人提供此类报酬。在此之前,《反海外腐败法》根据 1988 年《综合贸易和竞争力法案》(*Omnibus Trade and Competitiveness Act of 1988*)[1]第 5 章进行了修订。

在此修正案之前,据报道,许多国家的代理人不会接受美国公司的雇佣,因为他们知道要想有效行事,他们需要行贿[2],从而使自己受到《反海外腐败法》治外法权的约束。该修正案减少了《反海外腐败法》对美国企业海外经营责任的约束,并消除了此前有效阻止使用外国代理人促进业务的限制[3]。

在一项针对飞机制造商(包括大型民用飞机以外的制造商)的调查中,受访者报告称,飞机行业受到《反海外腐败法》的严重影响,《反海外腐败法》对他们的海外业务产生了不利影响[4]。此外,在所有被调查的公司中,超过 60% 的公司回答说,即便所有其他条件相似,美国公司也无法与实施贿赂的外国公司竞争[5]。然而,美国大型民用飞机产业表示,它完全遵守《反海外腐败法》,并发现这不是影响其竞争力的因素[6]。

5.3.8　劳动法

空客公司称,西欧严格的劳动法使其在与美国大型民用飞机制造商的竞争中处于不利地位,并指出美国法律对美国公司雇佣和解雇员

---

①　Public Law 100 - 418，102 Stat.

②　Fisher，pp. 571 - 572.

③　Thomas F. Clasen. *Foreign Trade and Investment: A Legal Guide*（Salem，NH：Butterworth Legal Publishers，1990），sec. 11. 08.

④　Fisher，pp. 571 - 572.

⑤　同上，p. 571。

⑥　美国国际贸易委员会工作人员对美国大型民用飞机产业高管的访谈;和 transcript of hearing，pp. 87 - 88。

工的限制"微乎其微"①。空客公司表示，在没有歧视或具体合同承诺的情况下，美国雇主（如波音公司和麦道公司）实际上享有签订或终止雇佣关系的自由；空客公司声称，这种能力使美国公司"比外国同行有更强大的竞争优势"②。欧盟委员会也曾指出，西欧相对更严格的社会和劳动法提高了相对较低的劳动力水平，以减轻商业衰退期间过度就业的负面影响③。

欧盟委员会指出，尽管西欧工业的工资低于美国工业，但这一优势被美国工业生产规模优势带来的生产率提高所抵消④。这一结论表明，美国和空客公司成员国之间的劳动法差异可能构成了两个地区之间相对不重要的竞争差异，因为不同的劳工问题似乎被相互抵消。

5.3.9　飞机认证要求

美国联邦航空法要求在美国注册的大型民用飞机必须获得其安全认证，美国联邦航空管理局（FAA）负责对所有在美国生产或由美国公司或个人进口的飞机进行此类认证⑤。西欧监管机构通过联合适航当局（JAA）协调认证活动，该机构自 1970 年以来制定了自己的标准和做法⑥。在西欧，适航证书和认证过程属于国家民用航空当局的职权范

---

① "Responses of Airbus Industrie," tab B. 1.，p. 3，以及 Martin-Nagle，prehearing submission，p. 12。

② "Responses of Airbus Industrie," tab B. 1.，p. 3。

③ Commission of the European Communities，p. 8。

④ 同上，annex p. 11。

⑤ 14 C. F. R. pt. 25。

⑥ U. S. General Accounting Office（GAO）. *Aircraft Certification: Limited Progress on Developing International Design Standards*（Washington，DC：GAO，Aug. 1992），p. 2。截至 1992 年 3 月，联合协会有 19 个成员国：奥地利、比利时、丹麦、芬兰、法国、德国、希腊、冰岛、爱尔兰、意大利、卢森堡、荷兰、挪威、葡萄牙、西班牙、瑞典、瑞士、英国和前南斯拉夫。欧洲共同体最近的一项法规要求所有欧洲共同体国家加入 JAA，采用 JAA 的所有联合航空要求，并接受 JAA 认证的进口产品，无需附加技术条件。同上，p. 10。

围①。联合适航是指联合航空局成员国作为一个共同的认证团队开展一致行动②。除 FAA 和 JAA 外,世界上许多国家的适航权威机构主要遵循 FAA 或 JAA 已经颁布的标准和要求③。

业界普遍认为,有必要制定共同的国际标准和做法,通过消除认证标准和做法之间的差异和重复,使国内外大型民用飞机制造商和航空公司受益④。在这方面,欧盟委员会(European Commission)报告说,在 JAA 下协调西欧的认证过程应该降低认证成本,并促进航空航天产品在欧洲共同体内的自由流动⑤。交通部指出,FAA 和 JAA 的协调将为全球大型民用飞机产业带来高达 10 亿美元的经济效益。FAA 和 JAA 正在为此采取措施,尽管进展有限⑥。因此,这两种制度目前没有相互承认;美国和欧盟的认证必须与 FAA 和 JAA 分别进行。

制造商声称,FAA 和 JAA 对一些认证法规的解释的差异和活动的重复,导致所有制造商的成本大幅增加,监管资源使用效率低下⑦,例如:

● 在一个重大的认证项目中,FAA 对一项规定的解释不同,要求空客公司对 A340 飞机进行后期设计更改,根据 GAO 的说法,这使空客 A340 整个机队的生产成本不必要地增加了 2 000 多万美元⑧。

● FAA 对一项关于最大限度地降低发动机爆炸风险的规定的解

---

① Commission of the European Communities,p. 11.

② 同上,p. 11。

③ 1992 年 12 月 18 日和 1993 年 2 月 18 日,美国大型民用飞机产业高管在华盛顿特区接受美国国际贸易委员会工作人员访谈时所述。

④ "Responses of Airbus Industrie," tab K;and submission from the Aerospace Industries Association of America,Inc.,Feb. 1993,p. 17.

⑤ Commission of the European Communities,p. 11.

⑥ GAO. *Aircraft Certification*,pp. 11 - 12,22 - 23,24 - 31[quoting Report to the President:Review of Regulations (Apr. 1992)].

⑦ 同上,pp. 2,8 - 20;and submission from the Aerospace Industries Association of America,Inc.,Feb. 1993,p. 17.

⑧ 同上,pp. 16 - 17。

释与JAA对其类似规定的解释不同,要求空客公司在设计上进行后期更改,从而使其增加了2 000万美元的生产成本。后来,JAA对同一问题的一项规定的解释与FAA对一项类似规定的解释不同,这就要求麦道公司对设计进行后期修改,并为此花费了2 100万美元[1]。

● 据报道,至少有一次,FAA和JAA在类似问题上的解释差异使得某家航空公司的波音747机队的总成本增加了6 000万～9 000万美元(波音公司符合FAA的标准,但最初由于JAA的重新解释而不符合JAA的标准)[2]。

尽管FAA和JAA法规和解释的差异可能迫使大型民用飞机制造商承担巨大成本,并导致生产进度延迟和超支,但它们对美国制造商的影响并不比空客公司更大。政府问责局最近的报告指出,空客公司、波音公司和麦道公司都受到了不利影响,任何制造商都没有获得竞争优势。然而,正如上面所讨论的,由于空客公司可以在其成员公司之间分摊成本,它可能比美国大型民用飞机制造商更有能力消化这些额外成本。

5.3.10　关税和非关税壁垒

关税水平和海关问题

关贸总协定(GATT)中民用航空器贸易协定[3]对其中所述民用航空器物品给予免税待遇;这些条款在1979年《贸易协定法》[4]第6章中

---

① GAO. *Aircraft Certification*, pp. 16 - 17。

② 同上,pp. 3 - 4。

③ 本章后面将讨论关贸总协定。

④ Trade Agreements Act of 1979, title VI, sec. 601, Public Law 96 - 39, 93 Stat. 267;也见 Presidential Proclamation 4707, Dec. 11, 1979。进口航空器享受免税待遇必须符合以下3个条件:① 该物品必须进口用于民用航空器;② 航空器须原装使用;③ 该物品必须经FAA(或申请必须被FAA接受)或出口国的适航当局批准。House Committee on Ways and Means. Overview and Compilation of U. S. Trade Statutes, WMCP Doc. 103 - 1, 103d Cong., 1st Sess. 11 (1993)。

被制定为美国法律。

签署 GATT 民用航空器协定的西欧国家同样对经证明可用于民用航空器的具体描述的物品给予免税待遇。因此,关税问题一般对大型民用飞机制造商影响不大①。

然而,空客公司报告说,由于最近美国海关条例的解释发生了变化,向美国进口飞机部件变得更加复杂和昂贵②。空客公司指责说,由于备件的可获得性是影响大型民用飞机客户满意度的"关键因素",美国海关的障碍为美国制造商提供了竞争优势,这些制造商的大部分零部件都是在美国境内采购的③。

空客公司声称,美国制造商在西欧没有遇到类似的障碍,因为飞机零部件的免税入境管理更为宽松④。此外,在欧盟自主关税暂停计划下,一些用于飞机但不属于 GATT 民用航空器协定范围的部件也享有免税待遇⑤。如果空客公司的指控是准确的,空客公司在试图为其飞机提供服务时可能会受到不利影响。然而,即使假设这些海关问题是有效的,它们是否会对空客飞机的竞争力产生重大影响,还是值得怀疑的。最坏的情况是,空客公司进口的零部件会被收取关税,但不会被拒绝入境。因此,供应订单能得以通过,但成本更高。

---

① Eberstadt,p. 91.

② "Responses of Airbus Industrie," tab E.

③ 同上。空客公司指出,例如,它的"电传"技术并没有被当前的关税表明确考虑,尽管事实是"电传"组件仅适用于和设计用于飞机,但美国海关总署并未将它们归类为免税产品,因为它们被认为是关贸总协定民用飞机协定不包括的通用电子设备。

④ 同上。

⑤ 同上。

5.4 关于适用关贸总协定中民用航空器贸易协定的协议

5.4.1 简介

在如何应用 1979 年签订的关贸总协定中的民用航空器贸易协定（1979 GATT Aircraft Agreement）①方面，美国和欧盟在 1992 年签订了一项协议，即 1992 年协议。关贸总协定是在 1974 年东京回合谈判成功后达成的，但该回合的谈判只确立了关于一般补助的规则，而不一定适用于航空器贸易②。1979 年 GATT 航空器协定试图通过消除贸易上的关税和扭曲（或限制），以及消除政府资助民用飞机生产和贸易的不利影响，为民用飞机领域的自由和公平贸易奠定基础③。1979 年 GATT 航空器协定在附录 F 中进行了讨论。

1992 年协议的起草是为了加强 1979 年 GATT 航空器协定的条款，逐步降低政府支持力度，同时防止"由于政府直接或间接支持大型民用飞机的研发和生产而造成的贸易扭曲，以及对这种支持实行更严格的规定，并鼓励在关贸总协定内多边地实施该规定"④。

---

① 由于该协定是参照关贸总协定谈判达成的，并且是关贸总协定中的法条，因此它通常被称为"航空器法典"。

② 截至 1990 年，共有 22 个国家签署了 1979 年《关贸总协定》航空器协定，包括所有西方大型民用飞机生产国：奥地利、加拿大、欧盟 12 个独立成员国、埃及、日本、挪威、瑞典、瑞士、罗马尼亚和美国。Fischer, p. 37。该消息来源还指出，其他 19 个国家和 2 个国际经济组织具有观察员地位，这意味着它们可以参加辩论，但不能投票。

③ Agreement on Trade in Civil Aircraft, Preamble、reprinted in, *General Agreement on Tariffs and Trade: Basic Instruments and Selected Documents*（Geneva：Mar. 1980, 26th Supp.）(hereinafter "1979 GATT Aircraft Agreement")；and *The Tokyo Round Trade Agreements: Trade in Civil Aircraft*, vol. 3（Aug. 1981），p. 3.

④ "关于适用关贸总协定中民用航空器贸易协定的协议"，第 1 页（以下简称"1992 年协议"）。1992 年达成的这项协议旨在"为大型民用航空器的国际贸易创造一个更有利的环境，并缓解该领域的紧张局势"。

1992 年协议消除了未来政府对大型民用飞机生产的直接资助（如生产补贴）①。但在现有的政府支持计划中，仍有一些保留意见②。直接开发支持（如研发补贴）是被允许的，但有限制和要求。1992 年协议还要求各方确保政府的间接支持不会给国内制造商带来不公平的优势，或导致民用航空器国际贸易的扭曲。协议对民用飞机产业和个别公司的年度商业营业额所允许的间接支持数额进行了具体的限制③。关于 1992 年协议的进一步讨论见附录 F。

5.4.2　1992 年协议的多边化

美国和欧洲正在努力使 1992 年协议多边化，并将改进后的协定规定扩大到所有主要飞机和飞机部件生产国。美国政府已经开始与其他飞机生产国合作，加强 1979 年关贸总协定中民用航空器贸易协定的规定，使其与 1992 年协议一致。美国大型民用飞机制造商表示，执行多边化的 1992 年协议或其他多边化协议可能会出现问题，因为外国飞机和飞机零部件制造商的支持和援助与美国提供的支持和援助有很大不同④。他们还表示，他们正在从以下几个方面进行努力：① 降低发展补贴的上限；② 将 1992 年协议纳入 1979 年《GATT 航空器法》；③ 鼓励更多的国家签署《GATT 航空器法》⑤。美国和欧洲似乎都同意 1992 年协议的某些方面需要改进，例如对飞机制造商的间接支持或利益的

---

①　"Agreement Concerning the Application of the GATT Agreement," art. 3.

②　"Agreement Concerning the Application of the GATT Agreement," art. 2.

③　"Agreement Concerning the Application of the GATT Agreement," art. 5. 空客公司声称，这是"对波音公司，尤其是道格拉斯公司的传统支持形式"。Responses of Airbus Industrie, tab L.

④　1992 年 9 月，美国大型民用飞机产业高管接受美国国际贸易委员会工作人员采访时所述。

⑤　1992 年 9 月，美国大型民用飞机产业高管接受美国国际贸易委员会工作人员采访时所述。Hood, pp. 22 - 23。

定义。双方似乎在许多问题的后续磋商中取得了一些进展。但是，在涉及许多以不同方式支持其飞机制造商的国家的多边协议的背景下，要进行这种改进将困难得多。

此外，该协议在多边化之前可能需要改进。麦道公司报道称，该协议可以通过以下方式来加强：① 提高公众和政府间的透明度；② 解决政府支持的飞机制造商的非商业融资问题（如退出租赁）；③ 逐步降低允许开发支持的上限；④ 明确股权注入的规则；⑤ 明确与间接支持相关的规则和方法①。

5.4.3　1992 年协议的竞争效应

空客公司表示，它"欢迎长期困扰跨大西洋各国关于政府支持飞机制造业的争端得到解决"，该协议"代表了双方能够合理达成的最佳平衡方案"②。同时，空客公司指出，它希望"欧盟委员会和美国政府真诚地监督协议的执行，以确保协议创造一个真正公平的竞争环境的主要目标能够得以实现"③。

美国大型民用飞机制造商指出，1992 年协议是朝着正确方向迈出的一步，因为它限制了未来的支持，增加了披露，消除了销售诱惑，并消除了向航空公司提供的通用贷款④。美国大型民用飞机制造商表示，1992 年协议允许空客公司歪曲与政府相关特许权使用费以使之对自己有利，如果空客公司同意美国提出的但未包含在协议中的固定还款计划，这种情况就不会发生⑤。此外，1992 年协议仍然允许某些类型的

---

①　Hood，p. 23.

②　"Responses of Airbus Industrie," tab L.

③　同上。

④　1992 年 9 月，美国大型民用飞机产业高管接受美国国际贸易委员会工作人员采访时所述；transcript of hearing，pp. 131 - 33；Hood，pp. 21 - 25.

⑤　1992 年 9 月，美国大型民用飞机产业高管接受美国国际贸易委员会工作人员采访时所述。

政府资助,关于大型民用飞机制造商的分包商和零件供应商的定价做法在多大程度上受到该协议的保护,这一点还存在一些争论①。由于这些原因,空客公司不太可能完全基于商业和成本因素来制定包括价格在内的营销决策。此外,美国产业界的官员说,1992年协议将不允许空客公司向客户提供有利的条件,比如不需要支付定金的退出租赁和采购订单②。

---

① 事实上,空客公司表示:"向外国分包商提供的支持可能是1992年美国-欧盟协议中的一个重要漏洞。"Martin-Nagle, p. 5。

② 1992年12月18日和1993年2月18日,美国大型民用飞机产业高管接受美国国际贸易委员会工作人员采访时所述。

第 6 章
全球大型民用飞机产业研发概况与比较

6.1　引言

　　本章比较了美国、西欧、俄罗斯和日本的主要研究中心的航空研发基础设施和资金水平。17 个主要的公共和私人组织在这些国家开展了世界上大部分的航空研究（见表 6.1）。

　　新技术的引入提高了飞机的性能[1]、可靠性和安全性，并日益减少了噪声和其他环境影响，这极大地拓展了飞机的市场销路，进而影响了大型民用飞机制造商的竞争力。然而，在新技术实施之前，大型民用飞机制造商必须考虑它们是否与现有系统兼容，研发和生产成本如何，以及它们将如何影响航空公司的直接运营成本（燃料消耗）、再培训和维护。图 6.1 显示了航空研发主要领域的收益。

　　虽然大型民用飞机的研发成果可以分为渐进式变化（导致渐进式改进）和革命性变化（导致全新的飞机范式），但主要的大型民用飞机制造商在很大程度上依赖渐进式变化为客户服务[2]。革命性的技术（如涡轮风扇喷气发动机的引入）使大型活塞发动机飞机逐步过时，可以说完

----

　　① 飞机性能的进步包括提高燃油效率、增加航程和速度。
　　② 空气动力性能、推进技术、复合材料、计算流体动力学（CFD）和飞机计算机系统技术等方面的进步旨在提高飞机性能（如速度和航程）及其直接运营成本/运营效率（如燃料消耗）。

表 6.1　1991 年从事亚声速航空研究的主要国际组织

国家	组　织	资金来源	预算/销售/亿美元	航空研发预算①/亿美元	总雇佣人数	航空研发重点②	主要客户
法国	法国宇航研究院(ONERA)	公共	2.37	0.72	2 304	长期、上游、基础研究	公共和私有部门
法国	法国宇航公司	公共/私人	86	4.96	1 850③	短期以市场为导向、短期国防需求	空客公司、ATR、国防
德国	德国航空航天中心(DLR)	公共/私人	4.25	1.12	4 500	长期、预竞争、高风险	公共和私有部门
德国	德国宇航公司(DASA)	私人	66	4.71	21 990④	短期以市场为导向、短期国防需求	空客公司、福克公司、国防
日本	科学技术署国家航空航天实验室(NAL)	公共	0.8⑤	不适用	438	长期、预竞争、高风险	公共和私有部门
荷兰	国家航空航天实验室(NLR)	公共/私人	0.66	0.66	817	长期、上游、基础研究	公共和私有部门
荷兰	福克公司(Fokker)	私人	20	0.2	12 606	短期以市场为导向、短期国防需求	福克公司、国防

（续表）

国家	组　织	资金来源	预算/销售/亿美元	航空研发预算①/亿美元	总雇佣人数	航空研发重点②	主要客户
俄罗斯	伊留申设计局	公共	不适用	不适用	12 000	长期、上游、基础研究，短期国防需求	公共和私有部门
	图波列夫设计局	公共	不适用	不适用	15 000	长期、上游、基础研究，短期国防需求	公共和私有部门
	中央空气流体动力学研究所(TsAGI)	公共	不适用	不适用	10 000	长期、上游、基础研究	公共和私有部门
英国	国防研究局(DRA)	公共	13	1.95	11 500	长期、上游、基础研究	公共和私有部门
	英国航空航天公司(BAe)	私人	197	2.55	9 100⑩	短期以市场为导向、短期国防需求	空客公司、BAe、国防
美国	美国国家航空航天局	公共	140	5.12⑫	15 200⑧(OAST)	长期、预竞争、高风险 长期、预竞争、高风险	私有部门、国防部

（续表）

国家	组　织	资金来源	预算/销售/亿美元	航空研发①预算②/亿美元	总雇佣人数	航空研发重点②	主要客户
美国	美国国务院交通部下属联邦航空管理局（FAA）	共公	72	1.979	⑨	飞机安全、设计、生产质量控制	私有部门、国防部、美国国家航空航天局
	美国国防部（DOD）	公共	3 090	58	⑨	国防	国防部
	波音公司	私人	296	14	87 324⑩	短期以市场为导向，短期国防需求	波音公司、国防部、美国国家航空航天局
	麦道公司	私人	184	4.29	109 123	短期以市场为导向，短期国防需求	麦道公司、国防部、美国国家航空航天局

资料来源：《1991 年英国航空航天年度报告》,法国宇航公司,德国宇航公司,波音公司,法国宇航研究院,德国航空航天中心,国家航空航天实验室,国防研究局;1992 财政年度美国国家航空航天局,预算估计;1993 财政年度美国管理和预算办公室,美国预算（华盛顿特区：GPO,1992）。

注：①公司的数据是指整个公司内部支出的研发总金额。
②定义见附录 G。
③法国宇航公司的设计办公室雇佣人数。1991 年底,公司雇员总数为 25 894 人。
④德国宇航公司客户公司雇佣人数。
⑤1992 年 4 月至 1993 年 3 月 31 日。
⑥英国宇航空客有限公司雇佣人数。
⑦航空研究和技术预算。
⑧航空和空间技术办公室。
⑨参与航空研发的雇佣人数无法获取。
⑩波音民用飞机集团雇员总数。

航空研发领域	需求领域/推动作用					
	用户成本更低/更方便	更大的容量	减少环境影响	更安全	提升性能	飞机设计与研发
空气动力学	更低燃油成本	不适用	起飞/降落时噪声更小	不适用	更大的航程和速度（更高的升阻比）	缩短开发周期·技术验证
推进系统	更低的燃油成本/减少维护/提高可靠性	不适用	低排放·低噪声	不适用	更大的航程和速度（降低油耗）	缩短发动机研发周期·技术验证
航空电子设备和控制	提高机组人员效率和可靠性	全球定位（地面和空中）·实时天气数据·优化空中交通管制	不适用	机组负荷更低·容错系统	提高可靠性（发动机控制·推动器控制·态势感知）	系统集成·技术验证
结构和材料	更长的寿命和更低的维护成本	不适用	不适用	可预测材料疲劳·"智能结构"	更大的航程和速度（重量更轻）	缩短研发周期·技术验证

图6.1 航空研发：按学科划分的航空研发收益

资料来源：Compiled by the staff of the U. S. International Trade Commission from Aeronautics and Space Engineering Board, *Aeronautical Technologies For The Twenty-First Century* (Washington, DC: National Research Council, 1992), pp. 33, 99, 111, 151, 189, 223, 245。

全重新定义了大型民用飞机。

大型民用飞机制造商将研发工作集中在飞机设计上，但研发对集成、组装、飞行测试和飞机认证也很重要。然而，包括推进技术、航空电子设备、飞行控制及结构等在内的大部分技术都是由发动机制造商和其他大型民用飞机分包商实现的。目前，它们正在各种原型技术领域进行研究，包括超高旁路发动机、超大型/超高容量飞机、超声速和/或高超声速飞机、低温燃料和新型混合纤维金属层压板（如玻璃纤维铝层压板）。大型民用飞机制造商的其他研究工作包括研究先进部件技术，以促进飞机系列的共通性，并降低研发成本。工艺技术进步的研究降低了生产成本，提高了产品质量。本章描述了航空研发的要素（资金、支出，以及基础设施），这些要素在各个研发中心的应用，以及各中心在研发能力方面的对比。

6.2　航空研发要素

6.2.1　研发经费和支出

研发资金对于改进主要技术和引进新的大型民用飞机项目至关重要。如今，生产新一代飞机所需的 50 亿～100 亿美元研发经费给制造商带来了巨大的财务负担，甚至可能导致公司破产。与此同时，大型民用飞机市场的成功依赖于将研发经费维持在相当高的水平，以最大限度地降低成本，并缩短将新的大型民用飞机型号引入市场的时间。大部分的研发成本都发生在新大型民用飞机系列的原型成员的研发上，新设计和技术将在此基础上得到验证和改进。成功的技术将被应用到未来的飞机上。如图 6.2 所示，一个典型的大型民用飞机的研发过程大约需要 5 年时间。

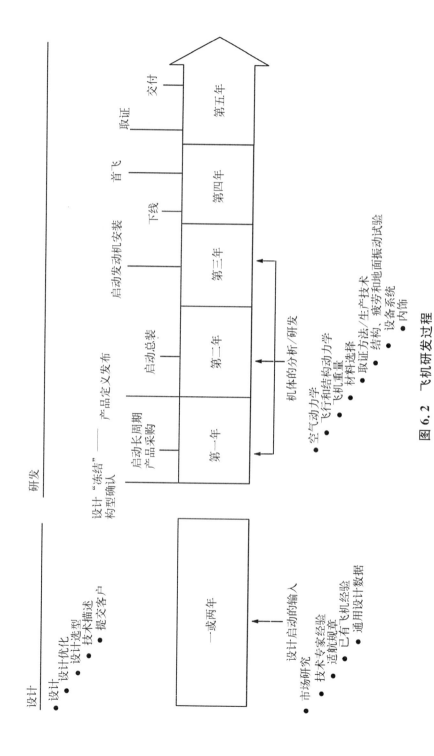

图 6.2 飞机研发过程

资料来源：由美国国际贸易委员会工作人员从美国和西欧工业和政府来源汇编。

军事项目一直以来占全球飞机研发支出的很大一部分。军事支出直接用于具有特定军事用途的项目,但大多数军事研究的成果也可用于民用。然而,自从第一架大型民用喷气飞机问世以来①,商业和军事项目已经出现了分歧,操作要求和规格也发生了越来越大的变化②。如今,商业领域的研发重点是降低生产成本、提高飞机可靠性、提高燃油效率和降低发动机噪声③。军事领域的研发重点是提高速度、机动性和躲避雷达。

6.2.2 研发基础设施

通过使用计算流体动力学(CFD)和风洞试验来验证气动设计,成功地实现了设计改进。CFD 和风洞在飞机设计和飞行测试中发挥着至关重要的作用,减少了研发时间,使得大型民用飞机制造商研究更多的设计选项。CFD 是一种围绕真实计算模型在超级计算机上对流场进行数值模拟的方法。越来越复杂的算法的使用减少了对经验和实验的依赖。使用 CFD 的超级计算机模拟产生了许多以前通过风洞试验收集的数据,但在研发过程的关键时刻,还是需要通过风洞试验来验证模拟结果。CFD 无法完全模拟大型民用飞机的飞行特性,因此仍采用风洞进行气动建模。政府对 CFD 和风洞试验的支持,被认为对全球大型民用飞机产业竞争力和国防至关重要。许多空气动力学原理、测试技术和研发设施是民用和军用飞机研发所共有的。

---

① 1992 年 11 月 20 日,美国国际贸易委员会工作人员对法国宇航研究院(ONERA)主席马塞尔·贝尼乔的采访。

② John E. Steiner. "How Decisions are Made: Major Considerations for Aircraft Programs," speech delivered before International Council of the Aeronautical Sciences, American Institute of Aeronautics and Astronautics, Aircraft Systems and Technology Meeting, Seattle, WA, Aug. 24, 1982, pp. 20 - 21.

③ 1992 年 9 月 18 日,美国国际贸易委员会工作人员对美国宇航局艾姆斯研究中心副主任维克多·彼得森的采访。

风洞是一种封闭的通道，通过在飞机的比例模型周围引导一股受控的气流或其他气体，并使用附带的仪器测量结果，可以模拟飞机的飞行特性。风洞的性能表现在其速度（马赫数）、雷诺数（空气的流体特性）、流动可视化、数据系统和数据安全性等方面。本章讨论的大多数风洞，都是亚声速风洞（能够模拟 0.1～0.8 马赫数的速度）、跨声速风洞（0.8～1.2 马赫数）或超声速风洞（1.2～5 马赫数）。风洞中产生的空气动力包括飞机升力、阻力和侧向力。

购买和研发飞机设计工具需要大量的资本投资，如超级计算机、风洞和用于飞行演示和技术验证的试验台飞机[①]。风洞和电脑升级对大型民用飞机生产商跟上新技术发展的步伐至关重要。支持大型民用飞机研发所需的研发领域和技术基础设施如表 6.2 所示。

表 6.2　大型民用飞机：研究领域和相应的基础设施

研 究 领 域	主要技术基础设施
空气动力学	数值模拟；使用超级计算机的计算流体力学（CFD）；风洞模型、传感器、高雷诺数；飞行演示技术验证
飞行动力[①]	超级计算机建模；飞行模拟器；风洞模拟；具有模块的计算机程序；首次飞行前用于地面振动试验的结构
结构动力学与假定载荷[②]	载荷的计算机建模；有限元方法（FEM）或有限元分析（FEA）的计算机程序
飞机的重量	地磅秤
材料选择	材料实验室；制造技术；材料性能数据；价格数据
制造方法和生产技术（长期）	面向研究的内部、研究机构、大学或政府项目；面向应用的研发工作，内部或承包

　　① 试验台飞机用于技术验证最后阶段。

研 究 领 域	主要技术基础设施
特殊的测试和认证方法	与认证机构合作
结构设计	3D计算机辅助设计工作站和软件
认证准备	有限元计算机程序；机械测试；文档
结构、疲劳和地面振动试验	地面设施与液压执行器和计算机模拟飞行和产品生命周期条件
航空电子设备和飞行控制	航空电子设备综合测试的综合飞机系统实验室；发动机控制；飞行控制；电气、液压和其他系统
设备系统	技术领域的专业部门，包括容错电脑系统；电子数据传输（总线）结构；传感器；显示技术；光电产品；电气驱动和执行系统；诊断和测试系统；内置测试

资料来源：美国国际贸易委员会工作人员编制。

注：① 飞行动力学包括飞行力学、飞行引导与控制、推进技术和飞行性能。

② 生成并比较了数千种负载案例，包括基本操作和系统故障。这可能会持续大约36个月。电传控制通过将过程从保守设计转变为现实模拟，极大地改变了结构动力学部门的工作。

6.3 各航空研发中心可用研发要素

6.3.1 研发经费和支出

美国和西欧的私有部门为亚声速大型民用飞机研发提供了全球大部分资金。波音公司、麦道公司和空客公司的主要合作伙伴（法国宇航公司、德国航空航天公司和英国航空航天公司）是主要的大型民用飞机制造商和亚声速大型民用飞机研发的主体。私营领域对民用航空研发和军事研发排名前六国家①的投资，从 1980 年的 142 亿美元增加到 1990 年的 389 亿美元（见图 6.3）。在这 11 年里，美国的支出占航空研发总支出的 65% 以上。

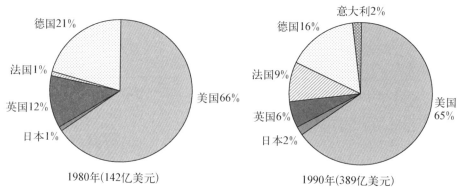

图 6.3　1980 年和 1990 年私有部门的航空研发支出

资料来源：OECD，DSTI（STAN/产业数据库），1992 年。

美国、西欧、俄罗斯和日本通过本国的研究和测试设施支持其航空产业（见表 6.1②）。然而，在这些国家中，政府在航空航天产业中的作用各不相同。

6.3.1.1　美国

1）私有部门

美国大型民用飞机研发的资金主要来自私有部门（即波音公司和麦道公司）。但是，美国的航空航天产业并不像美国国内的某些产业那样是研发密集型的。传统上，私有企业的航空航天研发支出占年度总

---

①　美国、德国、法国、英国、日本和意大利。

②　表 6.1 中未列出的其他重要的西欧国家航空航天研发机构包括西班牙国家太空科技研究所、瑞典航空研究所和意大利航空航天研究所（CIRA）。CIRA 成立于 1984 年，在有限的资金下一直运作到 1992 年 9 月；该研究所还没有建造四个拟建风洞中的任何一个。

销售额的 3%～5%①。美国航空航天产业研发支出占销售额的比例在美国所有工业部门中排名第八，1991 年为 3.8%②。相比之下，西欧私有部门的航空航天研发支出历来占销售额的 15% 以上，仅次于电气工程、电子和化学工业③。

几乎所有由美国私有部门资助的大型民用飞机研发项目，都被用于新项目或改进现有产品的项目。美国私有部门的航空研发往往是短期的专有研发，可以保证短期的经济回报，以证明支出是合理的。美国私有部门往往在长期的通用研发项目上投资不足，这些项目在短期内获得足够回报率的能力有限④。

1980—1992 年间，波音公司和麦道公司的研发支出为 1983 年的 7.08 亿美元到 1992 年的近 24 亿美元不等（见表 6.3）⑤。波音公司和麦道公司主要从事与机体及其制造相关的大型民用飞机研发工作。通常，他们不进行主要飞机系统的研发，例如发动机、航空电子设备、液压系统和起落架，这些都是由分包商完成的。除了内部研发之外，政府资助的研究项目通常是长期项目，不以产品为导向，同时对短期项目也不是至关重要的。

大型民用飞机制造商还追求来自 NASA 和美国国防部的民用和军事合同（面向任务的招标和概念探索、演示、全面研发和全面生产合

---

① Executive Office of the President. Office of Science and Technology Policy, *Aeronautical Research and Technology Policy*, Vol. Ⅱ, *Final Report* (Washington, DC: Nov. 1982), pp. 20 - 22.

② "R&D Scoreboard," *Business Week*, June 29, 1992, p. 107.

③ Commission of the European Communities. *A Competitive European Aeronautical Industry* (*Communication from the Commission*) (Brussels: Commission of the European Communities, SEC (90) 1456 final, July 23, 1990), p. 29.

④ 彼得森接受采访所述。

⑤ 公司大型民用飞机特定的研发数据是专有信息；公司研发数据反映了民用、军事和太空项目。

同)①。这些合同主要与太空或国防项目有关，研发结果通常无法直接溢出到大型民用飞机研发。这种溢出效应更有可能出现在零部件(如电子产品、计算机)和生产领域。美国大型民用飞机制造商还资助内部研发活动，即所谓的独立研发，由于其双重用途(民用和军用)的性质，他们可以从美国政府相关合同中收回部分研发成本。

表 6.3　1980—1992 年美国私有部门研发支出(大型民用飞机和其他民用飞机、军事和太空)①和研发支出占销售的比例

年份	总支出/百万美元	研发占销售的比例/%	波音公司		麦道公司②	
			研发支出总额/百万美元	研发占销售的比例/%	研发支出总额/百万美元	研发占销售的比例/%
1980	967	6	768	8	199	3
1981	1 060	6	844	8	216	3
1982	945	6	691	8	254	3
1983	708	4	429	4	279	4
1984	832	4	506	5	326	4
1985	785	3	409	3	376	3
1986	1 206	4	757	5	449	4
1987	1 391	5	824	5	567	5
1988	1 271	4	751	4	520	4
1989	1 325	4	754	4	571	4

---

①　这类合同包括固定价格合同、费用偿还合同(包括费用分摊合同)、奖励合同和不定期交付合同。

年份	总支出/百万美元	研发占销售的比例/%	波音公司		麦道公司[2]	
			研发支出总额/百万美元	研发占销售的比例/%	研发支出总额/百万美元	研发占销售的比例/%
1990	1 392	3	827	3	565	4
1991	1 846	4	1 417	5	429	2
1992	2 355	5	1 846	6	509	3

资料来源：美国国际贸易委员会工作人员根据波音公司和麦道公司的年度报告编制。

注：① 研发费用直接计入发生时的收益。这些费用包括独立研发、投标和提案工作，以及超出成本分摊合同预计可收回金额的费用。

② 由于参与大型民用飞机开发的供应商和分包商承担部分风险共担资金，1992 年，麦道公司得以像以往年报中描述的一样，降低研发支出。1991 年和 1990 年的研发支出分别减少了 2 000 万美元和 7 600 万美元，1985—1989 年也有所减少。

2）公共部门

NASA 是美国航空研发公共资助的主要来源。NASA 亚声速研究的主要目标是保持美国在航空航天技术领域的卓越领导地位，并研发新一代经济的亚声速运输机[1]。航空研发的其他政府来源包括国防部和联邦航空管理局（FAA）。如表 6.4 所示，NASA 的预算总额从 1980 年财政年度的 49 亿美元，增加到 1994 年财政年度的 141 亿美元。然

---

① 国家航空航天法，1958 年。NASA 本身并不研发飞机；如果制造商想要使用 NASA 研发项目获得的数据研发飞机，就必须用自己的资金验证技术。当技术成熟并成功应用于商用产品时，NASA 的资金补偿政策使美国政府能够回收其部分投资（见第 5 章）。此外，根据法律规定，飞机制造商（承包商）如果将任何 NASA 技术应用于其产品，且该技术是面向于最终产品的，或该技术有潜力使产品面向市场销售，或预计研发成本超过 1 000 万美元，则都必须向美国政府支付补偿金。U. S. Department of Commerce. U. S. Government Response to the EC-Commissioned Report "U. S. Government Support of the U. S. Commercial Aircraft Industry," interagency activity report coordinated by the U. S. Department of Commerce（Washington，DC：Mar. 1992），p. 20。1992 年中期，美国政府取消了部分补偿金。见第 5 章。

而，NASA 的航空预算（不区分民用和军事项目）作为机构总预算的百分比从 1980 财政年度的 6%，下降到 1992 财政年度的 4%，尽管预计在 1993 财政年度和 1994 财政年度将分别上升到 5% 和 6%[1]。实际支出从 1980 年财政年度的 3.08 亿美元，增加到 1992 财政年度的 5.554亿美元。1994 财政年度的支出估计将大幅增长至 8.77 亿美元（人员成本为 10 亿美元）。

表 6.4　1980—1994 财政年度 NASA 预算支出、总额和研发

单位：百万美元

年　份	总预算	预　算	航空研究和技术[1,2]预算	跨大气层研究和技术预算	其他研发（包括太空相关研发）
1980	4 851.6	4 088.1	308.3	—	3 779.8
1981	5 425.6	4 334.3	271.4	—	4 062.9
1982	6 035.4	4 772.0	264.8	—	4 507.2
1983	6 663.9	1 902.5	280.0	—	1 622.5
1984	7 047.6	2 064.2	315.3	—	1 748.9
1985	7 317.7	2 468.1	342.4	—	2 125.7
1986	7 403.5	2 619.3	337.3	—	2 282.0
1987	7 591.4	3 153.7	374.0	45.0	2 734.7
1988	9 091.6	3 254.9	332.9	52.5	2 869.5
1989	11 051.5	4 237.6	398.2	69.4	3 770.0

① 专门用于飞机研发的航空预算。

年　份	总预算	预　算	航空研究和技术[①,②]预算	跨大气层研究和技术预算	其他研发（包括太空相关研发）
1990	12 427.8	5 227.7	442.6	59.0	4 726.1
1991	13 876.6	6 023.6	512.0	95.0	5 416.6
1992	13 959.9	6 827.6	788.2	4.1	6 035.3
1993	14 077.6	7 089.3	865.6	0.0	6 223.7
1994[③]	14 670.0	7 712.3	1 020.7	80.0	6 611.6

资料来源：美国国家航空航天局国际贸易委员会工作人员编制，《1982—1994 财政年度预算》。1980—1982 财政年度的数据分别出现在 1982—1984 财政年度的预算估算中。

注：① NASA 不进行技术研发，但验证技术并执行技术演示。

② 1980—1991 年的数据不包括项目管理费用（即项目管理费用），如工资和支持系统费用。从 1992 财政年度开始，NASA 将公务员和中心支持团队的拨款科目从该机构的研发和项目管理类别下的航空研发和技术科目调整到了一个新的科目，即研发运营支持——该类别是航空研发和技术科目的一个子科目。航空研发和技术预算数据包括 1992 财政年度研发运营支持经费 2.328 亿美元，1993 财政年度估计为 1.488 亿美元，1994 财政年度估计为 1.435 亿美元。

③ 由 NASA 估算。

　　NASA 的航空办公室在其研究和技术基础计划及系统技术计划下资助项目（见表 6.5）。在 1981—1989 年间，航空办公室亚声速部门在民用运输的两个项目下的支出明显较低。研究和技术基础计划在以下领域提供设计和分析工具：空气动力学，推进和动力，材料和结构，控制、指导和人为因素，飞行系统，系统分析，高超声速飞行（在 1994 财政年度新增）。系统技术计划支持技术和验证演示，而这些演示对民用工业的近期技术应用很有价值。系统技术计划的主要领域是高性能计算、材料和结构、旋翼飞机、高性能飞机、先进推进、数值气动模拟和先进亚声速技术。在 1992 财政年度，先进亚声速技术（AST）计划在系统技术计划下启动。AST 是专注于最高回报的技术，将提高飞机效率和系统容量，并提高飞机的环境兼容性[①]。对于商业上适用的项目，将寻求 NASA 和工业界之间的成本分摊[②]。

表 6.5　NASA 航空研究和技术预算：1980—1994 财政年度用于研究和技术基础计划、系统技术计划和民用运输的支出和 1993—1994 财政年度的预期支出

单位：百万美元

财政年度	研究和技术基础支出	系统技术支出	民用运输支出[①]
1980	120.8	187.5	122.0
1981	133.8	137.6	80.9
1982	172.8	92.0	70.0
1983	198.5	81.5	46.0
1984	228.3	86.9	36.6
1985	223.5	119.1	50.6
1986	228.6	108.7	71.8
1987	271.1	102.9	59.3
1988	257.2	75.8	48.7
1989	309.6	88.6	69.4
1990	321.8	120.8	114.4
1991	336.4	175.6	162.1

①　Daniel S. Goldin, Administrator, posthearing submission in behalf of the National Aeronautics and Space Administration, p. 4.

②　NASA. *Budget Estimates: Fiscal Year 1994* (1993), p. RD 9 - 36.

（续表）

财政年度	研究和技术基础支出	系统技术支出	民用运输支出
1992	343.3	212.1	193.2
1993	436.5	280.3	290.4
1994②	448.3	428.9	441.1

资料来源：美国宇航局国际贸易委员会工作人员编制，预算估算，财政年度1982—1994年（1980—1982年财政年度的数据分别载于1982—1984年财政年度的预算估算）和NASA亚声速运输司提供的资料。

注：① 用于亚声速运输研究和技术、空中交通管理系统和超声速运输。

② 由NASA估算。

近年来，NASA的大部分资金都用于高超声速计划、超级计算机和先进复合材料研究。在1992年航空研发和技术（R&T）和跨大气层研究预算总额中：16%用于除短程飞机外的先进亚声速飞机；6%用于短程飞机（也是亚声速飞机）；16%用于高速商业运输，例如高速民用运输计划（HSCT）（见图6.4）②；21%用于高性能飞机③（主要是喷气

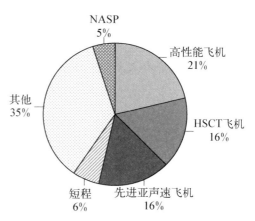

图6.4　1992年NASA航空研究和技术和跨大气预算①

资料来源：航空和空间工程委员会，21世纪航空技术国家研究委员会（华盛顿特区：国家科学院出版社，1992）。

---

① 译者注：由于进位关系，百分比加起来可能不等于100%。

② Aeronautics and Space Engineering Board. *Aeronautical Technologies for the Twenty-First Century* (Washington，DC：National Research Council，1992)，p. 37.

③ 高性能飞机包括喷气战斗机、直升机、短距起飞和垂直降落飞机。超级机动性是高性能飞机的主要特征，包括在大迎角（70°及以上）下实现稳定、机动和可控飞行。

战斗机）；5％用于美国国家航空航天飞机计划（NASP）[1]；剩下的35％用于空气动力学、高速计算、数值空气动力学模拟和其他关键学科[2]。

FAA在亚声速航空研发中扮演着次要角色。FAA通过在美国生产或飞行的大型民用飞机的适航性认证过程中发挥主要作用，参与大型民用飞机设计的各个方面。其认证过程的一部分要求FAA批准飞机设计和生产质量控制方法。FAA为与其任务有关的研发提供资金，特别是在空中交通管制领域。在1991财政年度，FAA用于研发、工程和发展的预算总额为1.979亿美元，其中1.005亿美元（51％）用于空中交通管制系统的研发。大型民用飞机制造商关注的飞机安全技术和环境研究的研发支出分别为6 100万美元和210万美元。其余的3 430万美元用于高级计算机、导航、航空气象需求和航空医学[3]等研发。

国防部对大型民用飞机产业的研发支持也很有限[4]。如前文所述，大型民用飞机制造商已经将研发作为美国政府合同和国防部资助的独立研发合同的一部分。在过去，由国防部出资研发的技术已经通过飞机、主要部件和次要部件的转让转移到大型民用飞机产业。在1991财年，国防部在其研究、开发、测试和评估预算下为航空研发支出了58亿美元，其中54亿美元用于特定的军用飞机，包括NASP；预算的剩余部分用于飞机设备、空气动力学、计算流体动力学和其他通用航空技术[5]。在1994财政年度，预计国防部将是NASP的唯一资金来源。从NASP

①　NASP的研发经费来自航空研发预算和跨大气预算。NASP还从国防部获得了大量资金。

②　由于进位关系，百分比加起来可能不等于100％。

③　Office of Management and Budget. *Budget of the United States Government Fiscal Year 1993* （Washington，DC：GPO，1992），appendix one，p. 751.

④　U. S. Department of Commerce，pp. 7 – 16.

⑤　Aerospace Industries Association of America，Inc. *Aerospace Facts and Figures：1992—1993* （Washington，DC：The Aerospace Research Center，Aerospace Industries Association of America，Inc.，1992），pp. 109，117.

到大型民用飞机产业的技术衍生产品很少,但 NASP 计划中研发的最新材料技术可能应用于波音 777[①]。此外,大型民用飞机制造商可能从国防部制造技术计划(MANTECH)资助的制造研发中受益[②](见第 5 章)。在 1993 财政年度,MANTECH 预算授权(包括在国防部的研究、技术、测试和评估预算中)为 3.746 亿美元[③]。由于 MANTECH 的资金不是专门用于航空的,因此并没有被计入正文引述的国防部航空研发数字中。

6.3.1.2 西欧

1)私有部门

空客公司通过其成员公司,主导了西欧所有私有部门的大型民用飞机研发[④]。1991 年,空客联合体成员在研发方面花费了约 16 亿美元(民用和军用航空、航天和其他)。1992 年,这个数字上升到了 19 亿美元。在 20 世纪 80 年代早期和 20 世纪 90 年代,空客及其成员公司的研发资金主要专注于发展先进技术,以应用于其飞机产品系列。

空客公司在其位于法国图卢兹的总部雇用了大约 350 名工程师,他们负责组织新飞机的设计,并协调和实施对现有飞机零部件的改进[⑤]。这些工程师还协调空客合作伙伴之间的工程工作。在空中客车组织中,研发工作主要由以下合作伙伴进行:法国宇航公司、德国航空

---

① U. S. General Accounting Office (GAO). *National Aero-Space Plane: Restructuring Future Research and Development Efforts*,GAO/NSIAD‐93‐71,December 1992,p. 6;and Stanley W. Kandebo,"Boeing 777 to Incorporate New Alloy Developed for NASP," *Aviation Week & Space Technology*,May 3,1993,p. 36.

② MANTECH 旨在提高国防工业基地的生产率,并将研发成果转移到全面生产。这种技术转让和采用也旨在降低承包商的制造成本。

③ Sec. 202,P. L. 102‐484 (106 Stat. 2350).

④ 西班牙的 Construcciones Aeronáuticas,S. A. (CASA)为空中客车工业公司进行了有限的航空研发。BAe 和福克公司都独立于空客联合体进行飞机研发。

⑤ 1992 年 11 月 2 日,空中客车工业公司高管在法国图卢兹接受美国国际贸易委员会工作人员采访时所述。

航天公司和英国航空航天公司。为了促进专业化和避免代价高昂的重复工作，每个合作伙伴只负责在其特定的飞机细分领域内进行研发。这种程度的分权限制了空客公司在成本方面的有效管理，但它为扩大财团的研发基础提供了优势。该联盟不仅受益于成员伙伴承担的项目，而且还受益于法国、德国和英国的国家航空航天实验室进行的研发。空客公司在面向产品的研发方面严重依赖于法国宇航研究院（ONERA），在理论研发方面则依赖于德国航空航天中心（DLR）[①]。合作伙伴进行的大部分研发都是专有的，其传播仅限于联合体内的公司。

2）公共部门

西欧航空研发实验室是准政府非营利组织，其主要职责是：策划和指导着眼于中长期竞争的航空航天研究；为所属政府和行业提供科技支持；设计、筹备和实施开展本研究所需的资源；传播研究成果以及促进欧洲共同体航空航天和其他工业使用研究成果[②]。在过去，西欧的航空研究机构严重依赖于政府资金，特别是各自的国防部。

近年来，西欧各国政府大幅削减了在航空领域的支出，特别是在大型民用飞机活动上。国防采购被拒绝，间接影响了军事补贴[③]。

关贸总协定（GATT）和1992年美国-欧洲共同体关于飞机补贴协定的规定也限制了政府对空客联合体成员的直接研发资金支持。这些变化迫使这些研究机构在市场上开展竞争，并在资金上更加依赖于第三方合同。1991年四个主要的西欧航空研发实验室［DLR、ONERA、国防研究局（DRA）和国家航空航天实验室（NLR）］的总预算为20亿美元，航空研发支出为4.45亿美元（见表6.1）。

---

① 1992年11月3日，空中客车工业公司高管在法国图卢兹接受美国国际贸易委员会工作人员采访时所述。

② 贝尼丘接受采访时所述。

③ 1992年11月20日，ONERA航空应用总监让-皮埃尔·马雷克在巴黎接受美国国际贸易委员会工作人员采访时所述。

除各国政府外,欧盟委员会还通过欧洲工业技术基础研究/欧洲先进材料研究(BRITE/EURAM)等项目,在资助西欧航空研发方面发挥着重要作用。另一个重要的项目是航空研究技术小组(GARTEUR)及其下属的航空研究和技术合作小组(CARTE)。

欧盟委员会 BRITE/EURAM 航空项目旨在促进上游研究[1],并加强目前在飞机研发方面稍显弱势的国家的研发基础。在 BRITE/EURAM 的总资金中,50%来自欧洲共同体,其余资金来自诸如 DRA、NLR、ONERA 及 DLR 等参与方,或者私有企业。

BRITE/EURAM 下的航空项目经 9 家西欧飞机制造商组成的欧洲航空研究和技术合作协会(EUROMART)的技术评估认可后便可实施。1988 年 3 月,欧洲共同体委员会开始了一项为期两年、价值 6 000万欧元(以当时汇率计算为 7 100 万美元)的探索方案,该方案于 1989—1991 年实施[2]。该方案的目标是进一步加强欧洲共同体在空气动力学、声学、机载系统和设备及推进系统等领域的合作。1991 年 9月,欧洲共同体理事会决定资助另一个 1992—1994 年的航空计划(在1990—1994 年工业和材料技术研究和技术计划的第 3 部分),这继续了最初计划的工作[3]。拟议的经费数额为 3 年 5 300 万欧元(以当时汇率计算为 6 580 万美元)。

欧洲层流研究(ELFIN)是欧盟委员会资助的最大的航空研发项目之一(由 BRITE/EURAM 资助)。1989 年推出的 ELFIN 是一个关于层流的联合研发项目,涉及 11 个欧洲国家的 24 个公私合作伙伴。ELFIN 由德国空客公司领导,其他参与者包括法国宇航公司、达索公司、BAe、CASA、Alenia、福克公司、NLR、DLR、ONERA 和意大利航天

① "EC Bolsters R&D Funds," *Interavia Aerospace Review*, Jul. 1992, p. 22.

② EC, *Official Journal*, No C 266, Oct. 13, 1988, pp. 5–11.

③ EC, *Official Journal*, No L 269, Sept. 25, 1991, pp. 30–37.

航空研究中心（CIRA）①。

GARTEUR 成立于 1973 年，是一个由五个国家②组成的联盟，其目标是通过汇集资源、交换技术信息、确定设备需求差距和避免重复努力，加强欧洲共同体成员国在航空研发领域的合作。CARTE 成立于 1981 年，是 GARTEUR 旗下的一个行业集团。GARTEUR 和 CARTE 都没有从欧洲共同体委员会获得多少资金。由于担心参与者泄露技术研发信息，许多此类项目仅仅走到了竞争前的研发阶段③。

6.3.1.3 俄罗斯

俄罗斯的大型民用飞机研发机构比西方更加集中。然而，随着俄罗斯将大型民用飞机私有化并支持航空航天产业，从事研发的组织，其能力和资金来源正在发生变化。

中央空气流体动力学研究所（TsAGI）是独联体首屈一指的研发和测试机构。在苏联政府时期，政府资助了 TsAGI 的全部预算。在 1991 年初，只有 50% 的预算来自政府。到 1992 年 10 月，大约 30% 的预算来自独联体；10% 由军队提供，另外 20% 由工业部和科技部提供④。1992 年中期，由于缺乏资金，该研究所开始以高达 150% 的利率向商业银行借款。到 1992 年 11 月，TsAGI 预算的 20%～25% 来自外国投

① "The Laminar-Flow Wing in the Winds of Europe," *Aviation Magazine International*, Dec. 15, 1991, pp. 52 - 53. 这个四阶段计划旨在制造具有层流的翼型，这将减少阻力，降低 15% 的燃料消耗，并减少亚声速和超声速飞行中的污染。风洞试验已经在荷兰的 NLR 和法国的 ONERA Modane 风洞中进行。另一项在 ELFIN 之外的西欧层流调查目前正在由罗尔斯-罗伊斯公司和 DLR 进行。此次调查旨在研究飞机机舱的低阻力设计，以降低燃油消耗和运营成本。

② 英国、法国、德国、瑞典和荷兰。

③ 1992 年 12 月 2 日，飞机研究协会首席执行官约翰·格林在伦敦接受美国国际贸易委员会工作人员采访时所述。

④ U. S. Department of State. "TSAGI: A Conversion Case Study," telegram, message reference No. 035660, prepared by U. S. Embassy, Moscow, Nov. 23, 1992.

资①。尽管其大部分收入来自与俄罗斯设计局的合同,但由于设计局自身资金短缺,TsAGI 一直在向它们提供贷款。TsAGI 不得不减少能源消耗和支付给分包商的费用,以减少现代化的资本支出,并将价格提高约三倍。同时,它不得不增加工人的工资,以满足不断上涨的生活成本②。

6.3.1.4　日本

尽管日本还没有制造出大型民用飞机,并且它的大部分研发工作集中在其他领域(高超声速飞机、空间和复合材料)③,但日本有能力开展与大型民用飞机相关的重大研发。日本政府的大型民用飞机研发工作主要局限于材料和组件,以及对日本公司在分包和联合开发项目中的资金支持。日本政府还资助高超声速飞机设计和大型民用飞机发动机的研发工作。

大型民用飞机研发由日本科学技术厅(STA)和国际贸易工业部(MITI)下属的产业科学技术厅(AIST)提供资金支持④。其他参与航空研发的机构包括国家太空发展署(NASDA)、交通部(航空运输发展的能力)、邮电部(主管卫星通信),以及日本防卫厅的技术研发研究所。

日本科学技术厅将大型民用飞机的研发工作放了国家航空航天实验室(NAL),并为国家金属研究所(NRIM)和国家无机材料研究所(NRIM)的研发工作提供资金。国家航空航天实验室聚焦基础空气动

---

① 1992 年 11 月 16 日,TsAGI 总干事 Alexander A. Pogodaev 在莫斯科接受美国国际贸易委员会工作人员采访时所述。

② John D. Morrocco. "TsAGI Accelerates Search for Foreign Contracts As Russia Slashes Funding for Research Institutes," *Aviation Week & Space Technology*,Apr. 13,1992,pp. 60 - 61.

③ Stanley W. Kandebo. "Japanese Making Rapid Strides In Hypersonic Technologies," *Aviation Week & Space Technology*,Dec. 16/23,1991,pp. 60 - 61.

④ 欲了解更多信息,请参阅 U. S. International Trade Commission (USITC). *Brief Review of Japan's Aerospace Industry*,staff paper,Sept. 1990,p. 6。

力学、推进系统、控制和制导系统、结构力学和空间技术方面的研发，1991 年的预算为 8 000 万美元①。

6.3.2　研发基础设施能力

一个国家的大型民用飞机产业的竞争地位在很大程度上受到计算流体动力学(CFD)技术、超级计算机和风洞的影响。风洞的使用是企业承诺进行前瞻性技术研发的重要指标②。美国、西欧、俄罗斯和日本的国家研究实验室为他们的私有部门提供了测试设施，否则，建造和维护如此大规模设施的高昂成本将难以为继，国内将无法提供这些设施。大多数国家实验室将其超级计算机网络和风洞以及其他研发基础设施，如模拟器和飞行测试设施，向国内外公司开放③。

6.3.2.1　计算流体动力学

1）美国

NASA 是世界上使用计算流体动力学进行航空研发的先驱。但 NASA 不再垄断这一领域，因为主要的外国实验室现在都可以使用超级计算机和 CFD 技术④。NASA 数值气动模拟(NAS)项目负责维护和使用 NASA 艾姆斯研究中心(Moffett Field,CA)的两台最先进的超级计算机，这两台超级计算机用于解决复杂的 CFD 问题⑤。NAS 系统受到现有计算机系统的速度和存储容量的限制。NASA 计划在 1993

---

① 欲了解更多信息，请参阅 USITC. *Brief Review*, pp. 6 - 7。实验室空气动力学研究的重点是为高超声速飞行设计最佳的机体和升力表面构型，并为机体开发能够承受低温到超高温而不丧失结构完整性的超轻结构。

② 西欧业内人士指出，波音公司以其进行的风洞测试数量而闻名。

③ NASA 是个例外，NASA 的设施只对美国公司开放(14 CFR 1210)。

④ 从 1991 年财政年度开始，CFD 被国防部列为其关键技术计划下的 21 项关键技术之一。在 1993 年财政年度，CFD 被列入新的科学技术计划的设计自动化推力领域。

⑤ NAS 系统由 2 台 Cray Ⅱ、1 台 CDC Cyber 205、大量 VAX11 - 780、80 余台 Silicon Graphics IRIS 4D 系列科研工作站、LIS 机器等多个计算机子系统组成。

年用一种最先进的计算机取代一台艾姆斯 Cray Ⅱ 型(一代高速处理器)超级计算机。这台新计算机将使艾姆斯研究中心在航空计算流体动力学设施方面继续保持世界领先。

NAS 系统用于测量飞行器周围的流场,研究飞行器周围气体的行为,评估飞行器在飞行中的行为。NAS 系统可以输入高度、空气温度、空气密度、速度、姿态等参数。该系统比全球航空研发中使用的其他系统更高级;然而,它所测量的参数和所有此类研发的参数基本都相同。NAS 研究的成果一般通过论坛和技术论文的形式免费提供给美国的大学和企业,以期能够在设计过程中采用。美国大型民用飞机制造商使用 NAS 系统的时间占比为 $15\%\sim20\%$。

2)西欧

许多西欧的大学、四个主要的国家航空研究实验室,以及空客联合体的成员都可以使用能求解复杂 CFD 方程的超级计算机。据报道,西欧航空工业在使用 CFD 改进燃气涡轮发动机、新型运输机和商务喷气机以及喷气教练机的设计方面取得了巨大的成功[1]。行业专家认为,英国凭借在使用 CFD 开发先进武器系统方面的经验,在 CFD 开发和应用方面是西欧的领导者,德国、荷兰和法国也拥有强大的 CFD 应用能力。

3)俄罗斯

俄罗斯研发机构已经研发了 CFD 理论和算法,并进行了一些可与美国和西欧相媲美的工作。尽管过去对大容量、高速计算机(包括超级计算机)的使用有限,但这一目标目前已经实现[2]。美国工业界官员认

---

[1] U. S. GAO. *Aerospace Plane Technology—Research and Development Efforts in Europe*, GAO/NSIAD - 91 - 194, July 1991, p. 75.

[2] 1992 年 12 月 1—4 日,美国国际贸易委员会工作人员对英国航空研究人员的采访;1993 年 3 月 26 日,美国国际贸易委员会工作人员对波音公司高管的采访。

为，尽管俄罗斯工业拥有与美国和西欧相当的基础工程和计算技能，但俄罗斯在某些领域的能力落后，部分原因是缺乏大容量、高速的计算机，包括超级计算机[①]。俄罗斯工业界官员认为，他们的几何模型与西方使用的一样[②]，而且他们在空气动力学模型和计算程序方面领先于西方[③]。

西欧及美国的私有和公共部门的研发实体已经寻求获得俄罗斯CFD能力[④]。波音公司在莫斯科建立了一个小型研发办公室，以探索俄罗斯的技术能力，包括CFD研发能力。

4）日本

日本工业在CFD研发能力方面取得了快速进展。CFD研究主要在私有的计算流体动力学研究机构（国家航空航天实验室）和国立大学（如名古屋大学和大阪大学）进行。国家航空航天实验室和几所大学都拥有由日本计算机公司生产的超级计算机[⑤]。日本航空航天公司可以使用NAL数值模拟系统中的超级计算机。日本CFD的发展目前落后于美国，但随着日本研发出经过验证的数据库和复杂算法，它可能有挑战西方的能力[⑥]。日本CFD的大部分工作都是由该国高超声速飞机、

---

① 1992年12月1日，BAe高管在英国范堡罗接受美国国际贸易委员会工作人员采访时所述。

② "TsAGI Offers Wind Tunnel Facilities, Develops Laminar Flow Control Software," *Aviation Week & Space Technology*，Apr. 13，1992，p. 61。例如，TsAGI高管声称，正在研发的一款软件程序只需要300～400种排列即可计算出跑道事故最大概率，而西欧的同等程序则需要1亿种排列。

③ 1992年11月18日，TsAGI总干事亚历山大·A.波戈达耶夫和副干事列昂尼德·M.什卡多夫在俄罗斯朱可夫斯基接受美国国际贸易委员会工作人员采访时所述。

④ 例如，NASA曾寻求获得俄罗斯关于CFD湍流建模及其对阻力计算影响的信息。Craig Covault. "U. S., Europe, Japan Vie for Russian High Technology," *Aviation Week & Space Technology*，Jan. 27，1992，p. 37。

⑤ U. S. GAO. *Aerospace Plane Technology: Research and Development Efforts in Japan and Australia*，GAO/NSIAD-92-5，Oct. 1991，pp. 103-104.

⑥ 同上，p. 85。

宇宙飞船和推进技术(包括大型民用飞机的发动机)所推动的。

6.3.2.2　风洞

在过去的 40 年里,风洞从小型到更大、更复杂,已经发生了根本性的转变。如今,美国大约有 90 个大型风洞,其他国家有 70 个,主要分布在西欧、加拿大、俄罗斯和日本[①]。风洞主要由大学、主要机体生产商和发动机制造商,以及所有领先的国家航空实验室拥有和运营。世界各地的风洞费用结构相似;它们都基于风洞"占用时间"和测试前准备、测试后报告、电费和计算机使用情况等收取费用。业内官员表示,具有适度气动缩放能力的风洞产能过剩;这些风洞主要用于概念性和具体的研究。表 6.6 列出了世界领先的亚声速和跨声速风洞。

1) 美国

如有合同需求,美国航空工业拥有一系列能够模拟亚声速到高超声速的风洞。尽管美国大型民用飞机生产商有自己的风洞,但他们通常依赖于美国宇航局、西欧和加拿大的国家实验室运营的风洞,因为这些风洞具有高生产率、大尺寸和高雷诺数的特点。1982 年,美国私有部门的风洞估计总重置价值为 16 亿美元[②]。

(1) 私有部门。

波音公司拥有世界上最大的私有风洞综合设施,并利用其风洞进行空气动力学、噪声、推进和结冰测试。波音公司的风洞主要用于其商业和军事产品。波音公司还向其他制造商出售风洞时间和服务,包括外国小型飞机制造商(如巴西航空工业公司)[③]。

通常来说,波音公司会使用外部风洞来补充其内部能力。波音公

①　Aeronautics and Space Engineering Board,p. 197.

②　Executive Office of the President,p. A - 2.

③　Edward H. Kolcum. "Transonic Wind Tunnel Tests Completed For Brazilian EMB - 145 Regional Jet," *Aviation Week & Space Technology*,Apr. 29,1991,p. 53.

表6.6 全球主要亚声速、跨声速和三声速风洞

A. 主要公共部门资助的风洞

国家	组织	风洞	位置	速度范围/马赫数	运行年度（升级）	重置成本①/百万美元	特殊功能
加拿大	国家航空机构	5英尺	渥太华·安大略省	跨声速 0.1~4.25	1962(1980)	24	高雷诺数·加压
法国	ONERA	F-1	诺伊	亚声速 0.37	1977(1989)	59	高雷诺数生产率
	ONERA	S-1	莫达讷	跨声速 0.23~1	1952(1989)	151	尺寸·高雷诺数
德国	欧洲跨声速风洞	ETW	科隆	跨声速 0.15~1.3	1994	312	跨声速范围内的雷诺数非常高、低温
	DLR	KKK	科隆	亚声速	1988		低温、高雷诺数
荷兰	德荷风洞(DNW)	DNW	东北圩田	0.18~0.45	1980	63	生产率·欧洲最大的低速风洞
俄罗斯	TsAGI	T-128	茹科夫斯基	跨声速 0.15~1.7	1980		测试范围至超声速
英国	DRA	5米	范堡罗	亚声速 0~0.33	1978		生产力·加压
	DRA	24英尺	范堡罗	亚声速 0.1~0.15	1934(1970)		消声(声学)

国　家	组　织	风　洞	位　置	速度范围/马赫数	运行年度（升级）	重置成本①/百万美元	特　殊　功　能
英国	DRA	13 英尺×9 英尺	贝德福德	亚声速 0.01～0.27	1953(1968)		尺寸
美国	NASA	11 英尺	NASA‑艾姆斯‑莫菲特菲尔德，加利福尼亚州	跨声速 0.4～1.4	1956	146	高雷诺数·尺寸
		40 英尺×80 英尺×120 英尺		亚声速 0.45亚声速 0.15	1944(1982)	222	高雷诺数·尺寸
		12 英尺		亚声速 0.6	1946	38	高雷诺数·加压
		NTF	NASA‑兰利汉普顿，弗吉尼亚州	跨声速 0.2～1.2	1982	136	低温·加压

B. 私有领域资助的风洞

国家	组织	风洞	位置	速度范围（马赫数）	运行年度（升级）	重置成本①/百万美元	特殊功能
英国	ARA	TWT 9英尺×8英尺	贝德福德	跨声速	1956	不适用	生产率、低成本
美国	波音公司	4英尺×4英尺	西雅图，华盛顿州	超声速 1.2~4	1957(1968)	20	高雷诺数
		8英尺×12英尺	西雅图，华盛顿州	跨声速 0.1~1.1	1968(1981)	50	大气、连续流
		9英尺×9英尺		亚声速 0.36②	1967—1969	不适用	推进测试
	卡尔斯敦公司	8英尺	布法罗，纽约州	跨声速 0~1.35	1947(1956)	不适用	加压
	罗克韦尔公司	7英尺	洛杉矶，加利福尼亚州	跨声速 0.1~3.5	1958(1960、1968、1971、1983)	17	高雷诺数、尺寸、推进测试、声学
	沃特公司	4英尺	达拉斯，德克萨斯州	跨声速 0.2~5.0	1958(1972、1975)	25	高雷诺数、尺寸、颤振测试、多声速
	洛克希德公司	4英尺	伯班克，加利福尼亚州	三声速 0.2~5.0	1960(1966、1975、1981)	20	高雷诺数、多声速

资料来源：F.E.佩纳兰达和M.S.弗雷达．《航空设施目录》第1卷：风洞（华盛顿特区：NASA,1985年；美国总会计办公室，航空航天技术数据和国外测试设施信息，GAO/NSIAD-90-71FS,1990年6月。

注：①重置成本是以当前美元计算的设施的当前价值，或所有改进后的设施的重置成本。美国私有和公共风洞的重置成本基于它们在1984年的价值。

②目前不在使用中。

司已经在 DRA(低速测试)和 NASA 艾姆斯(Ames)(11 英尺风洞跨声速测试)为高升力系统的研发和机翼设计进行了空气动力学模拟。1992 年 2 月,波音公司宣布,它不会继续执行新的风洞综合设施的计划[①]。这一决定的原因之一是,随着国防开支的减少,预计美国和外国风洞的可用时间都将增加[②]。

麦道公司拥有数个风洞,但比波音公司更依赖于外部测试设施,包括国外风洞。例如,1992 年,麦道公司在 ONERA 对 MD-12 机翼设计进行了 790 h 的低速风洞试验[③]。

(2) 公共部门。

NASA 在艾姆斯(12 个)、兰利(23 个)和刘易斯(6 个)研究中心维持着 41 个不同尺寸和速度范围的主要风洞。

截至 1990 年,NASA 风洞的估计重置价值为 19 亿美元[④]。艾姆斯最初是美国国家航空航天局建立的主要亚声速飞机研究机构。自 20世纪 50 年代以来,美国制造的几乎所有民用和军用飞机都是在 NASA艾姆斯风洞中进行测试的。目前,使用这些风洞需要 2 年的等待时间。NASA 艾姆斯风洞是根据 1949 年的《统一计划风洞法》建造的。该法案的目的是使国家航空咨询委员会(NASA 的前身)能够通过在艾姆斯研发、建造、运行和维护高速风洞,来进行应用高速航空研究。如今,这些被称为统一计划风洞(UPWT)的风洞是 NASA 最繁忙的风洞。《统

① "Boeing Abandons Wind Tunnel Plans," *Aviation Week & Space Technology*, Feb. 24, 1992, p. 38.

② "Boeing Shelves Plans for New Wind Tunnels," *Interavia-Air-Letter*, Feb. 9, 1992, p. 6.

③ "Douglas Continues Work on MD-12 Wing in French Wind Tunnel," *Aviation Week & Space Technology*, Sept. 14, 1992, p. 17.

④ George Eberstadt. "Government Support of the Large Commercial Aircraft Industries of Japan, Europe, and the United States," contractor document for Office of Technology Assessment, *Competing Economies: America, Europe, and the Pacific Rim* (Washington, DC: Congress of the United States, 1991), p. 72.

一计划风洞法案》①规定，美国工业应优先使用风洞，军队的服务排在其次②。NASA 风洞设施对美国公司开放，但不对外国公司开放。大型民用飞机生产商在收费基础上进行的研究结果是专有的。然而，在合作研究项目或 NASA 资助的合同下，研究成果通常会向全球工业提供。

然而，UPWT 的测试结果和生产效率因其近 40 年历史的老旧控制系统而受限。自 1956 年以来，UPWT 一直处于每天三班倒的运行状态，仅对设施进行了轻微改进，并且容易因设备故障而频繁关闭和延迟。UPWT 的停机时间已经增长到总运行时间的四分之一，而且还在增加③。从 1995 年开始，UPWT 计划停机 2 年，以进行维修和升级。

2）西欧

与美国一样，西欧也有各种各样的风洞，由大学、大型民用飞机和发动机制造商，以及各种国家航空研究实验室拥有和运营。欧洲跨声速风洞和德荷风洞是西欧领先的风洞。其他的重要风洞包括 ONERA 的 F-1 和 S-1。由西欧公共研究机构拥有和运营的风洞在合同的基础上为国内外公司进行模拟试验。据业内人士表示，空客公司的收费结构与所有外国公司在这些机构的收费结构相同④。

（1）私有部门。

在空客联合体中，只有 BAe 拥有广泛的风洞测试设施，因此是该联盟的空气动力学专家⑤。然而，在与空客公司相关的测试中，BAe 使

---

① 业内人士通常将这些由该法案创建的风洞称为统一计划风洞。

② 据 NASA 官员称，其风洞时间的三分之一用于军事项目，三分之一用于 NASA 的研究，剩下的三分之一用于私有部门。

③ NASA. *Budget Estimates*, fiscal year 1993, vol. 2, p. RD 12-2.

④ 贝尼丘和马雷克的采访。NASA 官员表示，DNW 向所有外国客户额外收取 10% 的用户费和 10% 的能源费。

⑤ BAe 为所有空客机型设计了机翼。

用的是由私有公司飞机研究协会（ARA）运营的风洞和以偿还为基础的 DRA。BAe 内部风洞主要用于研究目的，能力有限①。

ARA 成立于 40 年前，当时英国航空业认为英国需要一个新的高速风洞。1956 年，ARA 开放了其大型（9 英尺×8 英尺）跨声速风洞②。从那时起，ARA 参与了每一项主要的英国飞机和武器发展计划。

（2）公共部门。

德荷风洞（DNW）位于荷兰，是 DLR 和 NLR 之间的一个双边合资项目③，根据荷兰法律，作为一个独立的非营利基金会运营④。DNW 在 1980 年开始运行，是欧洲最大和最通用的低速风洞。DNW 也是世界领先的声学风洞，已被美国军方、空客公司、全球直升机和汽车行业使用。西欧工业官员表示，DNW 足以与美国类似的风洞相媲美。DNW 根据合同进行风洞试验。

欧洲跨声速风洞（ETW）位于德国，毗邻德国航空航天研究机构（DLR）。ETW 成立于 1988 年，是西欧相当于美国 NASA 位于弗吉尼亚州汉普顿的国家跨声速设施（NTF）的低温风洞。ETW 是德国 DLR、法国（ONERA），英国（DRA）和荷兰（NLR）等准国家航空航天研究机构之间的独立合资项目。这些机构希望为西欧装备一个大雷诺数跨声速风洞设施。德国政府为获得选址权支付了总建筑费用的最大份额（3.37 亿美元中的 38%）⑤。其余的建筑费用由法国和英国（各占

---

①　Submission of C. R. D. Whitfield, director. Business Development, British Aerospace Airbus Limited, annex A.

②　格林接受采访时所述。

③　NLR 和代尔夫特理工大学都有风洞，用于大型民用飞机的研发；然而，在尺寸或高雷诺数测试能力方面，它们并不在世界领先的风洞之列。

④　F. J. Abbink, deputy director. NLR, interview by USITC staff, Amsterdam, Nov. 26, 1992.

⑤　1992 年 11 月 17 日，ETW 总干事泽维尔·布伊斯和总经理阿诺·弗雷塔格德国科隆波茨接受美国国际贸易委员会工作人员采访时所述。

28%）及荷兰（6%）承担。尽管研发费用和初期运营补贴由政府负担，但该设施将向用户收取费用以弥补其成本。德国、法国、英国将各获得风洞运营时间的 31%，而荷兰将获得剩余的 7%[①]。截至 1992 年 11 月，ETW 已完成 98%，预计将于 1995 年投入使用。ETW 在处理更大的模型、更大的马赫数和更高的雷诺数方面，将超过西欧现有的能力。

ONERA 有许多风洞；大型民用飞机的研发主要在位于诺埃的 F-1 风洞及莫丹的 S-1 风洞进行。F-1 风洞已被用于测试空中客车项目和支线飞机，并用于研发达索公司的"阵风"（Rafale）喷气战斗机；它是世界上领先的高雷诺数亚声速风洞之一[②]。S-1 也被用于测试空客公司的项目，包括 A340 和战斗机，它在大尺寸和高雷诺数测试能力方面是世界领先的跨声速风洞之一。麦道公司也在其 MD-12 项目中使用了 ONERA 风洞。

德国 DLR 拥有几个风洞，其中最重要的是科隆波茨的亚声速 KKK 低温风洞，该风洞具有高雷诺数测试能力，使用气态氮介质来模拟大气[③]。

英国 DRA 也有几个风洞。其 5 米长的风洞在尺寸和高雷诺数测试能力方面是世界上最大的亚声速风洞之一[④]。波音公司已经使用 DRA 5 米风洞对一架 4 米长的波音 777 飞机模型进行了升力、阻力和稳定性的低速测试[⑤]。

---

① 1992 年 11 月 17 日，ETW 总干事泽维尔·布伊斯和总经理阿诺·弗雷塔格德国科隆波茨接受美国国际贸易委员会工作人员采访时所述。

② Aeronautics and Space Engineering Board，p. 138.

③ 1992 年 11 月 17 日，尤里希·胡特（DLR 执行部门）在德国科隆波茨接受美国国际贸易委员会工作人员采访时所述。

④ 1992 年 12 月 4 日，罗杰·琼斯（DRA 飞机系统部门主任）在英格兰范堡罗接受美国国际贸易委员会工作人员采访时所述。

⑤ "Boeing：777 Final Wind Tunnel Trials Underway," *Flight-International*，Mar. 31，1992，p. 6.

3）俄罗斯

TsAGI 声称拥有类似于 NASA 艾姆斯和兰利研究中心的能力[1]。它的 50 多个风洞可分为 5 类：低速和高速亚声速风洞，以及跨声速、超声速和高超声速风洞。最受外国客户欢迎的风洞是 T - 128 跨声速风洞和高超声速风洞。T - 128 可以模拟 0.15～1.7 马赫数的速度，并且可以测试高雷诺数和低湍流数[2]。该风洞对于大型民用飞机（如伊尔 - 96 - 300 和图波列夫图 - 204）的研发至关重要。TsAGI 的高超声速风洞能够进行 10～20 马赫数的测试。TsAGI 还拥有几个低扰动风洞，用于进行层流控制和混合层流的控制研究。

4）日本

日本航空工业可以使用日本一系列公共和私人拥有的风洞，速度范围从亚声速到高超声速[3]。日本公司已经使用了这些风洞来研究高超声速飞机、太空飞行器和复合材料。

6.4　研发能力对比

6.4.1　研发经费和支出

1991 年，NASA 用于亚声速飞机研发的预算不到总预算的 1%。在过去的 15 年里，NASA 曾经专门用于亚声速飞机研发的资金已经转移到了 NASA 的太空计划上。1992 年，NASA 的大部分研发预算都用

---

① "Boeing Expects to Begin Using Russian Wind Tunnel," *Russian Aerospace & Technology*，Aug. 10，1992，pp. 5 - 6.

② Guy Norris and Alexander Velovich. "NASA Studies Russian HSCT Test Proposals," *Flight International*，July 22 - 28，1992，p. 4.

③ U. S. GAO. *Aerospace Technical Data and Information on Foreign Test Facilities*，GAO/NSIAD - 90 - 71FS，June 1990.

于载人航天计划，其中超过 30％的预算分配给了"自由号空间站"。在 1980—1991 年①，NASA 在航空研发上的支出从总预算的 6％下降到 3％。然而，随着先进亚声速技术计划的引入，1992 年的支出增加，预计支出在 20 世纪 90 年代中期将进一步增加。

美国航空产业长期依赖 NASA 进行技术验证，这是技术研发中耗时最长、成本最高的阶段。然而，NASA 和国防部都大幅降低了他们的技术验证水平②。美国航空航天界的不同人士呼吁 NASA：改变其对亚声速大型民用飞机研发的政策③；通过升级设施（风洞、超级计算机系统、推进设施和试验台），加大对航空研发的参与；率先研制新型亚声速飞机；支持短途飞机、推进系统和航空电子设备的研究。

1991 年，四大西欧航空研发实验室（DLR、ONERA、DRA 和 NLR）的总预算为 20 亿美元，约占 NASA 总预算的 14％。他们的航空研发支出总计 4.45 亿美元，占其总预算的 22％，而 NASA 的航空支出为 5.12 亿美元。1991 年，美国私有部门用于大型民用飞机研发的支出超过了西欧；然而，与波音公司或麦道公司相比，空客公司的合作公司进行了更多的第三方资助的研发。总体而言，美国的航空研发支出超过了西欧。

美国业内专家指称，空客联合体依赖于其成员国政府为空客公司提供大部分研发资金。然而，西欧公共资助的航空研发以其分散和强调单个国家战略而闻名。根据欧洲共同体委员会的数据，西欧研究基础设施的重复率约为 20％～30％。如果把重复的业务支出也考虑在

---

① Mark E. Gebicke, GAO. "Efforts to Preserve U. S. Leadership in the Aeronautics Industry are Limited," testimony before the Subcommittee of Government Activities and Transportation, Committee on Government Operations, U. S. House of Representatives, Mar. 18, 1992.

② 格比克证词。

③ "NASA Chief Implores America to Reinvest in Air Transport," *General Aviation News & Flyer*, Second December Issue, 1992, p. A‑15.

内,损失约占总预算的 20%①。尽管西欧研究组织的合作在一定程度上缓解了这种分散,但缺乏中央资金来源,以及相对于美国较低的资金水平抑制了西欧的研发工作②。

6.4.2 研发基础设施

6.4.2.1 计算流体动力学

在过去,风洞的能力决定了航空研发的领先地位。但随着 CFD 和先进超级计算机的出现,情况变得有所不同。

根据美国政府问责署(GAO)的数据,美国目前是 CFD 领域的世界领导者。然而,由于 CFD 被世界公认为一项关键技术,西欧正在发展该领域的竞争能力③。GAO 还指出,西欧目前拥有许多 CFD 的基础科学知识。在将 CFD 应用于武器系统方面,英国被认为是西欧国家中经验最丰富的;德国、意大利和法国也拥有强大的 CFD 能力。随着 20 世纪 90 年代超级计算机数量的增加,预计西欧在 CFD 领域的能力将大大提高④。

据 NASA 官员称,超级计算机可能会让日本大型民用飞机制造商在未来的航空研究中占据优势。日本计算机产业在超级计算机技术的研发上投入了大量资金⑤,这对 CFD 研究至关重要。只有俄罗斯在超

①　Commission of the European Communities. *The European Aircraft Industry: First Assessment and Possible Community Actions*（Brussels：COM（92）164 Final, Brussels，Apr. 29，1992），p. 13.

②　F. W. Armstrong for the Commission of the European Communities, Directorate-General for Science，Research and Development，*Focusing on the Future: Aeronautical Research and Technology Acquisition in Europe*，1992，p. 38.

③　U. S. GAO. *Aerospace Plane Technology -Research and Development Efforts in Europe*（GAO/NSIAD‐91‐194，July 1991），p. 75.

④　同上。

⑤　1993 年 6 月,计算机行业分析师接受美国国际贸易委员会工作人员访谈时所述。

级计算机方面落后①。NASA 官员指出，尽管俄罗斯在超级计算机发展方面落后领先国家，但俄罗斯研发机构已经研发出优秀的航空算法来弥补这一不足，并拥有出色的风洞和其他测试设施。

6.4.2.2 风洞

根据西欧工业专家的说法，美国在航空航天研发方面的竞争优势正在减弱，因为 NASA 的许多航空风洞已经过时，这增加了美国工业对西欧风洞的依赖。据 NASA 官员称，NASA 在 20 世纪 80 年代早期经历了资金困难，当时管理和预算办公室（OMB）反对使用公共资金资助短期商业应用的亚声速研究。OMB 认为这是不正当的联邦补贴②。OMB 和其他组织认为，这项研究最好由私有部门，特别是大型民用飞机制造商开展。然而，科技技术办公室和国家研究委员会的报告挽救了 NASA 的航空计划，这些报告强调了 NASA 在保持整体行业研发投资，平衡私有部门投资不足以及支持国防部和FAA 等方面的重要性③。根据 NASA 官员的说法，在 20 世纪 80 年代后期，NASA 持续撤出了具有短期商业应用的项目。同时，NASA 还将更多的航天预算从亚声速转至高速民用运输发展相关的固定翼研究④。

美国和西欧工业专家目前认为，荷兰、德国和法国的新亚声速风洞以及德国的新跨声速风洞，在测试条件的质量和生产率方面都优于美国的设施⑤。据 NASA 官员称，其风洞的平均使用年限接近 40 年，某些复合材料设施已不再够用，一些风洞由于生产率低，测试积压时间长

---

① 彼得森接受采访时所述。
② Gebicke testimony, p. 6.
③ 同上。
④ 同上。
⑤ Goldin, p. 4.

达 2 年①。NASA 的官员还表示,许多风洞是以研究为导向,而不是以生产为导向的,因此在新飞机的开发周期中对工业的用途有限②。目前,NASA 的风洞无法提供测试下一代飞机(特别是新型大型民用飞机)所需的高雷诺数或流动条件,也无法模拟层流控制、大升力装置设计和自适应机翼配置等研究所需的条件。目前的风洞声学测量条件对研发环境兼容飞机至关重要,同时也需要改进③。为回应业界的担忧,1988 年,国会授权拨款 3 亿美元,用于振兴 NASA 在艾姆斯、刘易斯和兰利的 6 个风洞。

预计艾姆斯将关闭几个风洞进行维修,波音公司已经开始在英国和俄罗斯对其波音 777 机型进行风洞试验,而麦道公司已经在法国测试了 MD - 12 的模型部分。业内专家估计,一旦 NASA 的翻新计划完成,西欧将继续在风洞能力方面保持优势,因为 NASA 目前的翻新计划将只覆盖最明显的缺陷。业内官员断言,为了赶上西欧风洞的生产率和测试能力,NASA 将不得不拨出额外的资金用于进一步的维修,或用于建造新的风洞。

6.5　结论

在可预见的未来,美国在航空研发领域的能力将保持强劲。尽管

---

① NASA. *Budget Estimates Fiscal Year 1994*, Vol. Ⅱ, *Construction Facilities*, p. CF 9A - 2.

② Goldin, p. 4.

③ Gebicke testimony, p. 6。1988 年,NASA 的一个特别工作组提出了"航空设施复兴计划"(Aeronautical Facilities Revitalization Program),该计划为期 5 年,耗资 2.6 亿美元,旨在解决 NASA 设施和风洞的不足。在 1980 年至 1988 年间,NASA 在主要航空设施和风洞上的支出总计为 2.42 亿美元。

美国的专业技术正日益受到空客公司和西欧航空研究机构的挑战①，但美国与西欧公共和私有研发机构之间的总体航空航天资金差距可能会确保美国的领导地位，特别是在 CFD 熟练使用程度和应用等关键领域。然而，在风洞领域，美国的研发基础设施落后于西欧②，但风洞仍然是飞机研发的重要设施。

美国的航空研发支出略高于西欧。1991 年，NASA 的航空研发预算总计为 5.12 亿美元，而西欧四个实验室（ONERA、DLR、DRA 和 NLR）的预算为 4.45 亿美元。在私有部门，波音公司和麦道公司在研发上的花费为 18 亿美元，而空客公司主要合作伙伴为 16 亿美元（1992 年分别为 24 亿美元和 19 亿美元）③。美国政府在 1992 年增加了在航空研发方面的开支，预计在 20 世纪 90 年代中期还会进一步增加。1992 年，NASA 的航空研究与开发支出增加到 5.554 亿美元（不包括人员支出），并计划在 1993 年增至 7.168 亿美元，1994 年增至 8.772 亿美元。NASA 官员预计，由于大型民用飞机研发的公共资金减少，西欧实验室的资金将保持相对平稳。

各国政府将继续在航空研发中发挥重要作用④。然而，在公司层面，大多数大型民用飞机研发可能会在不久的将来继续进行，因为公司

---

① 这包括为整个范围的航空航天活动提供资金，在美国，这些活动主要集中在与空间有关的活动和军事活动，而不是研发面向民用产品的技术。

② 根据国家航空设施升级计划，NASA 在 1993 年花费了 2 500 万美元，并在 1994 年预算提案中要求将 1.81 亿美元用于风洞现代化。在 1993 年 5 月的预算听证会上，NASA 宣布了在未来 10 年内建造两个新的高雷诺数风洞的计划。这些风洞将用于商业设计验证和生产，而不是单纯的理论研究。在生产率方面，这些风洞将超越现有的西欧风洞，包括 ETW。

③ 由于各国会计准则的不同，不可能对企业的研发进行准确的比较。

④ 在 1994 年预算中，NASA 宣布其意图强调在一些领域的研发，这些领域将促进飞机直接运营成本的近期改善，同时降低大型民用飞机研发成本。William B. Scott. "NASA Aeronautics Budget Fuels High-Subsonic Research," *Aviation Week & Space Technology*, May 10, 1993, p.61。

可以更好地识别以产品为导向的研发。私有企业将继续研发革命性的技术；然而，因为风险与成本的因素，政府的参与仍然是必须的[①]。

　　NASA 计划进行更多以客户为中心的研发，并将其亚声速研究与波音公司、麦道公司、普惠公司和通用电气公司等行业领导者的设计理念保持一致[②]。据 NASA 官员称，行业-政府成本分摊研发项目在政治上正变得越来越可接受。NASA 将把它的主要重点从竞争前的研发，转向更注重中期的研发。在 1992—1995 年的预算中，NASA 还增加了用于大规模示范项目和中期技术发展和验证的预算拨款。

---

　　①　1993 年 7 月 16 日，NASA 航空航天技术办公室亚声速运输部主任罗伯特·怀特黑德在华盛顿特区接受美国国际贸易委员会工作人员采访时所述。
　　②　同上。

第 7 章
主要研究成果

自喷气机时代开始以来,美国一直是全球大型民用飞机市场的主要供应商。

　　美国大型民用飞机产业的全球市场份额从未跌破 60%。近年来,美国大型民用飞机产业面临着来自空客联合体日益激烈的竞争。自1970 年成立以来的 23 年里,空客公司的市场份额在 1992 年上升到全球大型民用飞机订单的 28%。来自空客公司的竞争可能会继续加剧,俄罗斯大型民用飞机生产商也可能在未来挑战美国的大型民用飞机产业。

7.1　美国大型民用飞机制造商目前的竞争地位

　　1992 年,美国大型民用飞机制造商生产的飞机占世界大型民用飞机机队的 84%:占美国机队的 93%,占西欧机队的 75%,占亚太机队的 74%。1992 年,美国大型民用飞机制造商占全球订单市场份额(架)的 64%,占交付市场份额(架)的 73%,占全球储备订单份额的 64%。影响美国航空产业竞争地位的关键因素之一是其在行业中存续时间相对较长,这使得客户基于共通性、生产成本、效率和市场信誉的考量而乐于下订单。美国战后对航空旅行的需求,以及主要以军事合同和政府资助研发的形式催生的航空资源和基础设施,间接推动了美国大型民用飞机产业成为该行业的全球领导者。

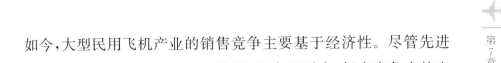

如今,大型民用飞机产业的销售竞争主要基于经济性。尽管先进的技术对大型民用飞机客户(航空公司)具有吸引力,但有竞争力的产品必须在飞机的整个生命周期内产生超过购入价格和运营成本的收入。

许多因素影响着这个等式。购入成本是以现金支出为变量的函数,包括融资和任何优惠利率、培训或其他合同条款。运营成本包括飞机的维护和维修成本、机组人员成本、燃料成本、飞机的相对效率,以及飞机的共通性为其在机队中提供了竞争优势或劣势。航空公司的收入取决于总体经济状况以及航空公司通过航线申请和准确的客货预测最大化发挥飞机经济潜力的能力。这并不意味着研发重要性的下降。相反,研发对于降低运营成本和提高飞机效率至关重要。

7.2 美国和西欧大型民用飞机产业之间的主要竞争差异

美国和西欧大型民用飞机产业之间存在几个主要的竞争差异,这些差异对美国大型民用飞机产业在全球市场上的未来表现有一定影响。过去,最明显的差异是提供资金的方法和行业得到的政府支持的类型。在美国,对大型民用飞机产业的支持主要以间接的方式进行[①],许多信息表明确实如此,主要支持方式是军事合同和政府资助研发。这种支持有助于培养熟练的航空劳动力,建立广泛的研发基础设施。几十年来,这种支持通过降低成本和提高生产效率使美国工业受益。西欧政府对大型民用飞机产业的支持包括直接的和间接的,空客成员国政府已做出了发展具有全球竞争力的大型民用飞机产业的具体承

---

① 如前所述,美国政府向麦道公司和洛克希德公司提供了贷款担保。

诺。通过为此目的提供资金，这些政府促进了一家与美国大型民用飞机产业直接竞争的世界级公司的创建。

根据 1992 年美国-欧洲共同体关于适用《关税总协定》和《民用飞机贸易协定》的规定，未来所有政府支持都将缩减。政府支持对航空业的竞争影响可能正在进入重要性下降的阶段（尽管过去政府支持的直接和间接影响将延续到未来）。然而，美国和西欧的民用飞机产业之间还有其他差异，这些差异将对全球竞争产生重大影响。首先是研发领域。美国的研发机构是计算流体动力学（CFD）领域的全球领导者。然而，对超级计算机使用的迅速增加正在提高西欧的 CFD 研发和应用能力。与此同时，尽管风洞试验越来越多地被 CFD 模型所取代，但西欧在风洞性能方面仍具有竞争优势。此外，西欧的国家实验室和政府资助的研发往往更多以产品为导向，这些实验室和政府研究组织与大型民用飞机制造商之间的合作比美国更密切。

尽管美国（5.12 亿美元）和西欧（4.45 亿美元）在航空研发方面的政府资助支出总额相似，但两者在研发重点方面有很大不同。NASA将继续把研发资源集中在航空科学的高速计算上，其亚声速研发资源将主要集中在空中交通控制系统上[①]。相比之下，西欧公共部门的研发组织将把资源集中在以产品为导向的研发上。这可能使西欧公司比美国大型民用飞机公司更具有竞争优势。

另一个差异是大型民用飞机制造商的公司结构。空客公司的经济利益集团结构（GIE）允许在完全伙伴关系的基础上进行合作，因此具有以下优势：整合合作伙伴的技术优势；避免锁定大量资金；在资金和技术方面汇集庞大的资源基础；在庞大的资源基础上分散风险和成本；允许在生产成本和其他内部财务方面缺乏透明度。此外，作为一家经

---

① Daniel S. Goldin. Administrator, NASA, posthearing submission, p. 4.

济利益集团，如果空客公司愿意，它就不必为自己的利润缴税。美国公司法，特别是反托拉斯法和竞争与并购政策，不允许这种有益的合作。然而，由于空客公司的股东也是其生产制造的主要参与方，因此空客公司的决策过程往往受到不利影响，导致最终决策不符合空客集团的最佳利益，但符合成员公司的最佳利益。美国民用飞机制造商董事会的决策主要是基于公司整体的最佳利益做出的。由于美国民用飞机制造商对许多非制造合作伙伴的股东负有责任，因此可能更需要以成本为依据做出决策。

第三个重要的区别是在这个行业存续时间的长短。由于美国大型民用飞机制造商向全球航空公司出售飞机的时间比他们的西欧竞争对手长几十年，许多航空公司发现，继续从传统来源购买飞机更具成本效益。然而，空客公司已经销售飞机超过 20 年，因此获得了市场信誉，这种模式可能会改变。空客公司也已经逐步提高了其生产率和成本效率，扩大了产品线，将新技术引入其飞机系列，并建立了广泛的客户群体。

出口管制是美国和西欧大型民用飞机产业之间另一个重要的竞争差异。美国政府的出口管制政策阻止美国大型民用飞机制造商进入某些新兴的外国市场（如越南和伊朗）。它们还通过限制再出口影响空客公司的销售。然而，空客公司可能不会面临这样的限制，因为它通过引入罗罗发动机，降低了部分飞机的美国成分含量。出口管制阻碍了外国制造商在美国生产产品，并挫败了美国大型民用飞机制造商在受控市场获得重要先发优势的努力。

7.3 美国大型民用飞机制造商的未来竞争地位

全球航空公司的财务状况对全球大型民用飞机制造商的健康发展

至关重要。美国政府和全球主要航空公司预计航空公司将恢复盈利。由此导致未来大型民用飞机市场可能需要比过去更多样化的飞机组合。尽管枢纽机场的拥堵可能会要求航空公司使用比目前服役的飞机更大的飞机，但新的航空公司可能会催生对小型飞机和高频率飞机的需求。此外，全球噪声标准将迫使一些飞机在其经济寿命结束前退役。这些因素将导致更换飞机数量增加，可能会为大型民用飞机制造商创造机会。

现有全球制造商之间的某种形式的合作，很可能会带来一款新的飞机，比如高速民用运输机或超高容量飞机。任何一款飞机都极具吸引力，因为目前世界上任何一家飞机制造商都没有涉足相关市场。研发和生产成本，以及这些飞机较小的市场规模，决定了主要大型民用飞机生产商之间合作的可能性。

俄罗斯公司可能成为大型民用飞机的全球供应商。它们的飞机结构完整，加上西方的发动机和航空电子设备，以及有吸引力的价格，可能会为两家主要的大型民用飞机制造商伊留申公司和图波列夫公司赢得市场份额。特别是如果它们能够建立一个全球售后支持网络，可能性会更大。此外，俄罗斯机体与西方发动机和航空电子设备的结合，使俄罗斯制造的飞机与西方大型民用飞机服务基础设施更加兼容，消除了与新机型相关的一些共通性问题。

显然，政府将在美国大型民用飞机产业未来的竞争地位中发挥重要作用。对于大型民用飞机行业是否需要财政支持，无论是用于研发还是更直接地用于生产或出口融资，以及这种支持应该采取何种形式，国内外都将继续存在很多争论。此外，汇率稳定（特别是避免像20世纪80年代中期那样的极端升值）和生产率的持续提高，将有助于美国大型民用飞机产业在20世纪90年代继续引领全球市场。

随着全球经济衰退的结束，大型民用飞机需求的增长和机队更换的需求，很可能会对美国航空业的表现产生一些相互矛盾的影响。尽管美国民用飞机制造商的订单应该会恢复并增长，但仍可能无法满足全球需求，而这将为空客公司和来自俄罗斯的潜在新进入者扩大市场份额提供空间①。

---

①　美国大型民用飞机产能可能足以满足预期的需求增长。然而，空客公司和俄罗斯大型民用飞机制造商将积极与美国制造商竞争，抢占未来更大的市场。